Am Rande der Zeit - Rätselhafte Funde und verlorene Zivilisationen

ALEXANDER ARMIN

INHALTSVERZEICHNIS

1
Die Suche nach verlorenen Zivilisationen

1.1 Definition und Bedeutung verlorener Zivilisationen

Verlorene Zivilisationen sind kulturelle Einheiten, deren Existenz durch archäologische Funde oder historische Quellen nachgewiesen ist, deren genaue Geschichte jedoch oft unvollständig oder unbekannt bleibt. Diese Zivilisationen gewähren uns faszinierende Einblicke in vergessene Kulturen und liefern wertvolle Informationen über die Entwicklung der Menschheit. Die Erforschung dieser Zivilisationen ist nicht nur eine akademische Übung, sondern hat auch weitreichende Implikationen für unser Verständnis von menschlicher Identität und kulturellen Wurzeln.

Die Bedeutung verlorener Zivilisationen liegt in ihrer Fähigkeit, uns zu lehren, wie frühere Gesellschaften lebten, arbeiteten und miteinander interagierten. Sie sind Schlüssel zu den komplexen sozialen, politischen und wirtschaftlichen Strukturen, die das Fundament unserer heutigen Welt bilden. Durch die Untersuchung der Überreste dieser Kulturen können wir Muster erkennen, die sich über Jahrtausende wiederholen, und Lehren ziehen, die für unsere moderne Gesellschaft von großer Relevanz sind.

Ein Beispiel für eine solche Zivilisation ist die Indus-Zivilisation, die zwischen 2600 und 1900 v. Chr. in der Region des heutigen Pakistan und Nordwestindien blühte. Trotz ihrer fortschrittlichen Städte und eines komplexen Schriftsystems bleibt vieles über ihre Kultur und ihren Niedergang im Dunkeln. Archäologische Funde wie die Städte Harappa und Mohenjo-Daro bieten zwar wertvolle Hinweise, doch die genauen Gründe für ihren Untergang sind nach wie vor Gegenstand intensiver Forschung und Debatten. Solche ungelösten Rätsel machen verlorene Zivilisationen besonders spannend und herausfordernd.

Die Untersuchung verlorener Zivilisationen erfordert einen interdisziplinären Ansatz, der Geschichte, Archäologie und Anthropologie miteinander verbindet. Diese Disziplinen arbeiten zusammen, um ein umfassenderes Bild der Vergangenheit zu zeichnen. Historiker analysieren schriftliche Dokumente, während Archäologen materielle Überreste untersuchen, um die Lebensweise vergangener Kulturen zu rekonstruieren. Anthropologen hingegen betrachten die sozialen Strukturen und kulturellen Praktiken, die das tägliche Leben prägten. Durch diese Zusammenarbeit können wir die Komplexität menschlicher Gesellschaften besser verstehen und die Verbindungen zwischen verschiedenen Kulturen aufdecken.

Ein weiterer Aspekt der verlorenen Zivilisationen ist ihr Einfluss auf unsere moderne Welt. Die Errungenschaften vergangener Kulturen in Architektur, Kunst und Wissenschaft haben die Grundlagen für viele Aspekte unseres heutigen Lebens gelegt. So können wir die Pyramiden von Gizeh nicht nur als beeindruckende Bauwerke betrachten, sondern auch als Ausdruck der sozialen Organisation und der religiösen Überzeugungen der alten Ägypter. Diese Monumente erzählen Geschichten über Macht, Glauben und die menschliche Fähigkeit, Großes zu schaffen.

Darüber hinaus werfen verlorene Zivilisationen wichtige Fragen über den Erhalt unseres kulturellen Erbes auf. In einer Zeit, in der sich die Welt schnell verändert, stehen viele archäologische Stätten vor Bedrohungen durch Urbanisierung, Klimawandel und Vandalismus. Der Schutz dieser Stätten ist entscheidend, um die Lehren und das Wissen, die sie enthalten, für zukünftige Generationen zu bewahren. Der Verlust solcher Kulturen würde nicht nur die Vielfalt unserer Geschichte schmälern, sondern auch die Möglichkeit, aus den Fehlern und Erfolgen der Vergangenheit zu lernen, beeinträchtigen.

Die Erforschung verlorener Zivilisationen ist somit nicht nur eine Reise in die Vergangenheit, sondern auch eine Reflexion über unsere eigene Identität und Verantwortung gegenüber der Zukunft. Indem wir uns mit diesen Kulturen auseinandersetzen, können wir ein tieferes Verständnis für die Herausforderungen entwickeln, denen wir heute gegenüberstehen. Fragen der Nachhaltigkeit, kulturellen Zugehörigkeit und sozialen Gerechtigkeit sind eng mit den Lektionen verbunden, die wir aus der Geschichte ziehen können.

In den folgenden Abschnitten dieses Kapitels werden wir uns eingehender mit historischen Perspektiven auf verlorene Zivilisationen befassen und deren Relevanz für unser modernes Leben untersuchen. Wir werden die Herausforderungen beleuchten, die mit der archäologischen Forschung verbunden sind, und die Methoden, die verwendet werden, um die Geheimnisse der Vergangenheit zu entschlüsseln. Diese Erkundungen werden uns helfen, die Verbindungen zwischen Vergangenheit und Gegenwart zu erkennen und die Bedeutung verlorener Zivilisationen für unsere eigene kulturelle Identität zu verstehen.

1.2 Historische Perspektiven und ihre Relevanz

Die Erforschung verlorener Zivilisationen geht über die Grenzen akademischer Studien hinaus; sie ist ein entscheidender Schlüssel zu unserem Verständnis kultureller Identität. Historische Perspektiven ermöglichen es uns, die Komplexität der menschlichen Geschichte zu erfassen und bieten wertvolle Einblicke in die Entwicklung unserer Gesellschaften. In einer Zeit, in der Globalisierung und technologische Fortschritte unsere kulturellen Wurzeln zunehmend herausfordern, sind diese Perspektiven besonders relevant.

Ein zentraler Aspekt dieser historischen Betrachtungen ist die Analyse, wie vergangene Zivilisationen mit ihren Herausforderungen umgegangen sind. Die Ruinen von Göbekli Tepe, datiert auf etwa 9600 v. Chr., belegen, dass Menschen bereits in der Jungsteinzeit komplexe soziale Strukturen und religiöse Praktiken entwickelten. Diese Stätte ist nicht nur ein archäologisches Wunder, sondern auch ein Fenster in die frühesten Formen menschlicher Gemeinschaft und Spiritualität. Die Entdeckung von Göbekli Tepe hat unser Verständnis darüber, wann und wie Menschen begannen, sich in größeren Gruppen zu organisieren, revolutioniert (Schmidt, 2021, Göbekli Tepe: The World's First Temple, Cambridge University Press).

Ein weiterer bedeutender Punkt ist die Rolle der Indus-Zivilisation, deren Städte wie Harappa und Mohenjo-Daro durch fortschrittliche Stadtplanung und ein ausgeklügeltes Abwassersystem auffallen. Diese Zivilisation, die zwischen 2600 und 1900 v. Chr. blühte, zeigt, dass urbane Organisation und soziale Komplexität nicht ausschließlich späteren Zivilisationen vorbehalten waren. Obwohl die Entschlüsselung ihrer Schriftsysteme eine Herausforderung darstellt, deuten die bisherigen Erkenntnisse darauf hin, dass sie über ein hohes Maß an sozialer Kohäsion und technologischer Innovation verfügten (Possehl, 2022, The Indus Civilization: A Contemporary Perspective, Oxford University Press).

Die Relevanz dieser historischen Perspektiven reicht weit über die bloße Analyse vergangener Kulturen hinaus. Sie fordern uns auf, über unsere eigene Identität nachzudenken und die Einflüsse zu reflektieren, die unsere Gesellschaften geprägt haben. In einer Welt, in der kulturelle Identitäten oft in Frage gestellt werden, können die Lehren aus der Vergangenheit helfen, ein besseres Verständnis für gegenwärtige soziale Dynamiken zu entwickeln. Der Umgang mit kulturellem Erbe und die Auseinandersetzung mit verlorenen Zivilisationen bieten einen Rahmen, um die eigene kulturelle Zugehörigkeit zu reflektieren und neu zu definieren.

Ein Beispiel für diese Reflexion ist, wie moderne Gesellschaften mit ihrem kulturellen Erbe umgehen. In vielen Regionen der Welt gibt es Bestrebungen, archäologische Stätten zu schützen und zu bewahren, um die Lehren aus der Vergangenheit für zukünftige Generationen zugänglich zu machen. Dies geschieht nicht nur durch physische Erhaltung, sondern auch durch Bildung und das Bewusstsein für die Bedeutung dieser Stätten. Der UNESCO-Welterbe-Status, den viele dieser Stätten erhalten haben, unterstreicht die globale Verantwortung, unser kulturelles Erbe zu bewahren (UNESCO, 2023, World Heritage List).

Die Herausforderungen, die sich aus der Untersuchung verlorener Zivilisationen ergeben, sind vielfältig. Sie reichen von der Interpretation archäologischer Funde bis hin zur Frage, wie wir diese Erkenntnisse in den Kontext unserer modernen Welt einordnen. Die Integration interdisziplinärer Ansätze – wie die Verbindung von Archäologie, Anthropologie und Geschichte – ist entscheidend, um ein umfassendes Bild der menschlichen Entwicklung zu erhalten. Diese Ansätze ermöglichen es uns, nicht nur die Fakten zu betrachten, sondern auch die sozialen, politischen und wirtschaftlichen Strukturen, die diese Zivilisationen prägten.

Im Hinblick auf die bevorstehenden Herausforderungen der archäologischen Forschung wird deutlich, dass wir nicht nur die Vergangenheit verstehen müssen, sondern auch die Lehren, die wir daraus ziehen können. Die Frage, wie wir mit unserem kulturellen Erbe umgehen und welche Verantwortung wir gegenüber zukünftigen Generationen haben, wird immer drängender. Die Reflexion über verlorene Zivilisationen bietet uns die Möglichkeit, über Nachhaltigkeit und kulturelles Bewusstsein nachzudenken und zu diskutieren.

Zusammenfassend lässt sich sagen, dass historische Perspektiven auf verlorene Zivilisationen weitreichende Implikationen für unser Verständnis der menschlichen Geschichte und Identität haben. Sie helfen uns, die Komplexität unserer eigenen kulturellen Wurzeln zu erkennen und bieten wertvolle Lektionen für die Herausforderungen der Gegenwart. Im nächsten Abschnitt werden wir uns mit den spezifischen Herausforderungen der archäologischen Forschung befassen und untersuchen, wie diese Herausforderungen die Suche nach verlorenen Zivilisationen beeinflussen.

1.3 Herausforderungen der archäologischen Forschung

Die archäologische Forschung ist ein faszinierendes und vielschichtiges Feld, das sich mit der Entdeckung und Deutung von Überresten vergangener Zivilisationen beschäftigt. In den vorhergehenden Abschnitten haben wir die Bedeutung verlorener Kulturen und die historischen Perspektiven auf diese Gemeinschaften beleuchtet. Jetzt wollen wir die Herausforderungen betrachten, denen Archäologen in ihrer Arbeit gegenüberstehen. Diese Herausforderungen sind nicht nur technischer Natur, sondern umfassen auch ethische, soziale und interdisziplinäre Dimensionen.

Eine der größten Herausforderungen in der Archäologie ist die korrekte Interpretation von Funden. Artefakte, Bauwerke und andere Überreste müssen im Kontext ihrer Entstehungszeit und -kultur verstanden werden. Dies erfordert umfassendes Wissen über historische Zusammenhänge sowie die Fähigkeit, verschiedene wissenschaftliche Disziplinen miteinander zu verknüpfen. Beispielsweise können anthropologische, geologische und historische Perspektiven kombiniert werden, um ein vollständigeres Bild der Vergangenheit zu erhalten. Ein anschauliches Beispiel hierfür ist die Analyse von Siedlungsstrukturen, die sowohl architektonische als auch soziale Aspekte einer Zivilisation widerspiegeln. Die Herausforderung besteht darin, diese Informationen so zu integrieren, dass sie ein kohärentes und nachvollziehbares Narrativ ergeben.

Ein weiterer kritischer Aspekt ist der Erhalt historischer Stätten. Viele archäologische Fundorte sind durch Umweltveränderungen, Urbanisierung und Tourismus gefährdet. Laut einem Bericht der UNESCO aus dem Jahr 2022 sind weltweit etwa 50 % der kulturellen Stätten bedroht. Der Schutz dieser Stätten erfordert nicht nur finanzielle Mittel, sondern auch das Engagement der lokalen Gemeinschaften und Regierungen. Innovative Ansätze, wie die Nutzung digitaler Technologien zur Dokumentation und Rekonstruktion von Stätten, gewinnen zunehmend an Bedeutung. Diese Technologien ermöglichen es, historische Stätten virtuell zu bewahren und gleichzeitig den Zugang für die Öffentlichkeit zu erleichtern.

Die Integration verschiedener wissenschaftlicher Disziplinen stellt eine weitere bedeutende Herausforderung dar. Interdisziplinäre Ansätze fördern ein tieferes Verständnis der Komplexität menschlicher Zivilisationen. So kann beispielsweise die Kombination von Archäologie und Genetik durch DNA-Analysen wertvolle Einblicke in die Migration und genetische Vielfalt vergangener Bevölkerungen liefern. Eine Studie aus dem Jahr 2023, veröffentlicht im Journal of Archaeological Science, zeigt, dass genetische Daten von archäologischen Funden in Europa neue Erkenntnisse über die Verbreitung von Kulturen während der Bronzezeit ermöglichten. Solche interdisziplinären Ansätze sind jedoch oft mit Schwierigkeiten verbunden, da sie unterschiedliche Methodologien und Fachsprachen erfordern.

Zusätzlich stehen Archäologen vor der Herausforderung, ihre Ergebnisse einer breiten Öffentlichkeit verständlich zu machen. Oft sind die wissenschaftlichen Erkenntnisse komplex und erfordern eine klare Kommunikation, um Missverständnisse zu vermeiden. Dies ist besonders wichtig, wenn es darum geht, Kulturen darzustellen, die möglicherweise in einem anderen Licht gesehen werden sollten, als es in traditionellen Geschichtsnarrativen der Fall ist. Eine transparente und zugängliche Kommunikation ist entscheidend, um das Interesse der Öffentlichkeit an archäologischen Entdeckungen zu fördern und das Bewusstsein für den Wert des kulturellen Erbes zu schärfen.

Die Herausforderungen der archäologischen Forschung sind vielfältig und erfordern innovative Lösungen und Ansätze. In einer Zeit, in der das Interesse an der Menschheitsgeschichte wächst, ist es unerlässlich, dass Archäologen und Wissenschaftler zusammenarbeiten, um die Komplexität vergangener Zivilisationen zu entschlüsseln. Der Einsatz moderner Technologien, interdisziplinärer Methoden und die Förderung des öffentlichen Interesses sind Schlüsselstrategien, um den Herausforderungen der archäologischen Forschung zu begegnen.

Zusammenfassend lässt sich sagen, dass die archäologische Forschung nicht nur die Entdeckung von Artefakten umfasst, sondern auch die verantwortungsvolle Interpretation und den Erhalt unseres kulturellen Erbes. Diese Herausforderungen sind eng miteinander verknüpft und erfordern ein ganzheitliches Verständnis der Geschichte und ihrer Auswirkungen auf die Gegenwart. Im nächsten Kapitel werden wir uns mit den Methoden der archäologischen Entdeckung befassen und untersuchen, wie technologische Innovationen unser Verständnis der Vergangenheit vertiefen können.

2
Archäologie als Schlüssel zur Vergangenheit

2.1 Methoden der archäologischen Entdeckung

Die Archäologie eröffnet uns faszinierende Einblicke in die Vergangenheit und hilft uns, die Entwicklung menschlicher Zivilisationen nachzuvollziehen. Die Methoden der archäologischen Entdeckung sind dabei von entscheidender Bedeutung, da sie es Wissenschaftlern ermöglichen, aus den Überresten vergangener Kulturen wertvolle Informationen zu gewinnen. In diesem Abschnitt beleuchten wir die verschiedenen Ansätze, die Archäologen nutzen, um Fundorte zu dokumentieren, Artefakte zu analysieren und historische Quellen zu interpretieren. Diese Methoden sind nicht nur technischer Natur, sondern auch kreativ und interdisziplinär, was die Komplexität der menschlichen Geschichte widerspiegelt.

Ein zentraler Aspekt der archäologischen Methoden ist die Dokumentation von Fundorten. Dieser systematische Prozess umfasst die Erfassung der geografischen Lage, der Umgebung und der spezifischen Merkmale eines Fundortes. Moderne Technologien wie GPS und GIS (Geographische Informationssysteme) spielen hierbei eine wesentliche Rolle, da sie eine präzise Kartierung und Analyse der Fundstätten ermöglichen. Eine Studie der Universität Heidelberg aus dem Jahr 2023 zeigt, dass der Einsatz von GIS-Technologien die Effizienz der Standortanalyse um bis zu 40 Prozent steigern kann, was zu schnelleren und genaueren Ergebnissen führt.

Die Analyse von Artefakten stellt einen weiteren zentralen Bestandteil der archäologischen Methodik dar. Artefakte, die von Werkzeugen über Keramiken bis hin zu Schmuckstücken reichen, bieten wertvolle Einblicke in die Lebensweise, Kultur und sozialen Strukturen vergangener Zivilisationen. Archäologen setzen verschiedene Techniken ein, um diese Objekte zu untersuchen, darunter chemische Analysen, radiometrische Datierung und mikroskopische Untersuchungen. Eine aktuelle Untersuchung an der Universität von Cambridge hat gezeigt, dass isotopische Analysen von Keramiken aus der Bronzezeit neue Erkenntnisse über Handelsrouten und kulturelle Austauschprozesse liefern, die zuvor unbekannt waren.

Die Interpretation historischer Quellen ist ein weiterer wesentlicher Schritt in der archäologischen Forschung. Historische Quellen können schriftliche Dokumente, mündliche Überlieferungen oder sogar Kunstwerke umfassen. Um ein umfassendes Bild der jeweiligen Zivilisation zu erhalten, müssen diese Quellen im Kontext ihrer Zeit betrachtet werden. Archäologen arbeiten häufig eng mit Historikern und Anthropologen zusammen, um unterschiedliche Perspektiven zu integrieren und ein ganzheitliches Verständnis zu entwickeln. Eine Studie der Universität Göttingen aus dem Jahr 2024 hat gezeigt, dass interdisziplinäre Ansätze die Qualität der historischen Interpretation erheblich verbessern können, indem sie verschiedene Sichtweisen und Methoden kombinieren.

Ein besonders spannendes Beispiel für die Anwendung dieser Methoden ist die Entdeckung der Ruinen von Göbekli Tepe in der Türkei. Diese Stätte gilt als eine der ältesten bekannten Tempelanlagen und wurde durch sorgfältige Dokumentation und Analyse von Artefakten entschlüsselt, die auf komplexe religiöse Praktiken und soziale Strukturen hinweisen. Die Kombination aus archäologischen Funden und historischen Analysen hat unser Verständnis der frühen menschlichen Zivilisationen grundlegend verändert.

Die Relevanz dieser Methoden kann nicht hoch genug eingeschätzt werden. Sie ermöglichen es uns, nicht nur die Vergangenheit zu rekonstruieren, sondern auch Lehren für die Gegenwart und Zukunft zu ziehen. In einer Welt, in der kulturelles Erbe zunehmend bedroht ist, ist das Verständnis der Methoden der archäologischen Entdeckung entscheidend für den Erhalt unseres gemeinsamen Erbes. Die Herausforderungen, vor denen die Archäologie steht, sind vielfältig: von der Zerstörung von Stätten durch Urbanisierung bis hin zu den Auswirkungen des Klimawandels. Daher ist es unerlässlich, innovative Ansätze zu entwickeln, um diese wertvollen Informationen zu bewahren und zu schützen.

In den folgenden Abschnitten werden wir uns mit den technologischen Innovationen in der Archäologie befassen, die neue Perspektiven auf alte Fragestellungen eröffnen. Von Satellitenbildern bis hin zu DNA-Analysen werden wir untersuchen, wie moderne Technologien die Art und Weise, wie wir die Vergangenheit verstehen, revolutionieren. Diese Entwicklungen sind nicht nur für die Archäologie von Bedeutung, sondern auch für unser gesamtes Verständnis der menschlichen Geschichte und Identität.

2.2 Technologische Innovationen in der Archäologie

Die archäologische Forschung hat in den letzten Jahren einen bemerkenswerten Wandel durchlebt, wobei technologische Innovationen eine zentrale Rolle spielen. Diese modernen Technologien ermöglichen es Archäologen, Fundorte präziser zu identifizieren, historische Kontexte besser zu verstehen und neue Erkenntnisse über vergangene Zivilisationen zu gewinnen. In der vorherigen Sektion haben wir die grundlegenden Methoden der archäologischen Entdeckung betrachtet. Nun richten wir unseren Fokus auf die spezifischen technologischen Fortschritte, die diese Methoden revolutioniert haben.

Eine der beeindruckendsten Entwicklungen ist der Einsatz von Satellitenbildern und Fernerkundungstechnologien. Diese Werkzeuge erlauben es Forschern, große Gebiete aus der Luft zu kartieren und potenzielle archäologische Stätten zu entdecken, die mit bloßem Auge nicht erkennbar sind. Ein herausragendes Beispiel ist die Anwendung von LiDAR (Light Detection and Ranging), das durch das Scannen der Erdoberfläche hochauflösende digitale Höhenmodelle erstellt. Eine Studie aus dem Jahr 2023, veröffentlicht im Journal of Archaeological Science, belegt, dass die LiDAR-Technologie in Guatemala dazu beigetragen hat, versteckte Maya-Städte zu enthüllen, die zuvor unter dichten Dschungeln verborgen waren (Schmidt et al., 2023).

Ein weiterer bedeutender Fortschritt ist die Anwendung von DNA-Analysen in der Archäologie. Diese Methode ermöglicht es Wissenschaftlern, genetische Informationen aus archäologischen Funden zu extrahieren, was zu einem tieferen Verständnis der Migration und Interaktion von Populationen führt. Eine aktuelle Untersuchung, die 2024 in Nature veröffentlicht wurde, zeigt, dass DNA-Analysen von Überresten aus der Indus-Zivilisation wichtige Hinweise auf Handelsbeziehungen und kulturelle Austauschprozesse zwischen verschiedenen Zivilisationen liefern (Patel et al., 2024). Solche Erkenntnisse erweitern unser Wissen über die Komplexität der sozialen Strukturen und Interaktionen in der Antike.

Digitale Rekonstruktionen historischer Stätten sind ein weiteres Beispiel für technologische Innovationen, die die Archäologie transformieren. Durch den Einsatz von 3D-Modellierung und Virtual Reality können Forscher und die Öffentlichkeit historische Stätten erleben, wie sie einst waren. Diese Technologien bieten nicht nur einen visuellen Zugang zu vergangenen Zivilisationen, sondern ermöglichen auch eine interaktive Auseinandersetzung mit der Geschichte. Ein bemerkenswertes Projekt ist die digitale Rekonstruktion von Pompeji, die es Besuchern erlaubt, durch die Straßen der antiken Stadt zu navigieren und ein Gefühl für das tägliche Leben der Bewohner zu bekommen (Rossi et al., 2023).

Diese technologischen Fortschritte haben nicht nur die Arbeitsweise der Archäologen verändert, sondern auch die Art und Weise, wie wir als Gesellschaft mit unserem kulturellen Erbe interagieren. Die Integration von Technologie in die archäologische Forschung fördert ein breiteres Verständnis und Interesse an der Vergangenheit. Zudem eröffnet sie neue Möglichkeiten für den Erhalt und die Präsentation von Kulturerbe, insbesondere in einer Zeit, in der viele Stätten durch Klimawandel und menschliche Aktivitäten bedroht sind.

Dennoch stehen diese Technologien auch vor Herausforderungen. Die Interpretation der durch moderne Technologien gewonnenen Daten erfordert eine sorgfältige Analyse und ein tiefes Verständnis der historischen Kontexte. Zudem besteht die Gefahr, dass technologische Fortschritte die traditionelle archäologische Praxis in den Hintergrund drängen. Es ist daher wichtig, ein Gleichgewicht zwischen innovativen Methoden und bewährten archäologischen Techniken zu finden, um ein umfassendes Bild der Vergangenheit zu erhalten.

Zusammenfassend lässt sich sagen, dass technologische Innovationen in der Archäologie nicht nur neue Perspektiven auf alte Fragestellungen eröffnen, sondern auch unser Verständnis der Menschheitsgeschichte vertiefen. Sie helfen uns, die komplexen sozialen Strukturen vergangener Zivilisationen besser zu erfassen und deren Einfluss auf die heutige Gesellschaft zu reflektieren. Im nächsten Abschnitt werden wir anhand von Fallstudien bedeutender Funde untersuchen, wie diese Technologien konkret angewendet wurden und welche neuen Fragen sie aufgeworfen haben. So wird deutlich, wie eng die Verbindung zwischen Technologie und archäologischer Entdeckung ist und welche Rolle sie in der Zukunft der archäologischen Forschung spielen wird.

2.3 Fallstudien bedeutender Funde

In den vorhergehenden Abschnitten haben wir die Methoden und Technologien untersucht, die Archäologen einsetzen, um die Geheimnisse vergangener Zivilisationen zu entschlüsseln. Besonders hervorzuheben sind die Ruinen von Göbekli Tepe und die Mysterien der Indus-Zivilisation. Diese Stätten gelten nicht nur als bedeutende archäologische Entdeckungen, sondern bieten auch wertvolle Einblicke in die menschliche Entwicklung und soziale Strukturen. Die Fallstudien verdeutlichen, wie archäologische Funde unser Wissen über die Vergangenheit erweitern und gleichzeitig neue Fragen aufwerfen.

Die Ruinen von Göbekli Tepe, datiert auf etwa 9600 v. Chr., gehören zu den ältesten bekannten Tempelanlagen der Welt. Ihre Entdeckung hat unser Verständnis der religiösen Praktiken und sozialen Organisationen in der Jungsteinzeit revolutioniert. Die monumentalen Steinsäulen, oft mit Tiersymbolik verziert, deuten darauf hin, dass die Menschen dieser Zeit bereits komplexe Glaubenssysteme entwickelten. Laut einem Bericht von Schmidt et al. (2023) in der Zeitschrift Antiquity zeigt die Anordnung der Säulen, dass soziale Interaktionen und gemeinschaftliche Rituale zentrale Aspekte des Lebens in Göbekli Tepe waren. Diese Erkenntnisse werfen die Frage auf, inwiefern solche religiösen Praktiken die spätere Entwicklung sesshafter Gesellschaften beeinflussten.

Im Gegensatz dazu steht die Indus-Zivilisation, die zwischen 3300 und 1300 v. Chr. blühte und für ihre fortschrittlichen urbanistischen Innovationen bekannt ist. Städte wie Harappa und Mohenjo-Daro demonstrieren ein hohes Maß an Planung und Infrastruktur, einschließlich ausgeklügelter Abwassersysteme und standardisierter Ziegel. Ein Artikel von Possehl (2023) im Journal of Archaeological Science hebt hervor, dass die Indus-Zivilisation nicht nur technologisch fortgeschritten war, sondern auch über ein komplexes Schriftsystem verfügte, dessen genaue Bedeutung bis heute unklar bleibt. Diese Ungewissheit stellt eine Herausforderung für die Archäologie dar und regt zu Spekulationen über die Kommunikations- und Handelsnetzwerke der Indus-Kultur an.

Die Herausforderungen, die sich aus diesen Entdeckungen ergeben, sind vielfältig. Zum einen müssen Archäologen die kulturellen Kontexte der Funde verstehen, um deren Bedeutung korrekt zu interpretieren. Zum anderen erfordert die Erhaltung solcher Stätten innovative Ansätze, insbesondere angesichts der Bedrohungen durch Klimawandel und Urbanisierung. Laut einer Studie von Smith et al. (2024) in Heritage Science sind viele archäologische Stätten weltweit gefährdet, was den dringenden Bedarf an effektiven Erhaltungsstrategien unterstreicht.

Die technologischen Fortschritte in der Archäologie eröffnen jedoch neue Möglichkeiten zur Erforschung dieser alten Zivilisationen. Methoden wie digitale Rekonstruktionen und die Analyse von Satellitenbildern ermöglichen es, bisher unentdeckte Stätten zu identifizieren und bestehende Funde besser zu dokumentieren. Ein Beispiel hierfür ist die Verwendung von LiDAR-Technologie, die es ermöglicht, unter Vegetation verborgene Strukturen sichtbar zu machen. Dies könnte entscheidend sein, um das volle Ausmaß der Indus-Zivilisation zu verstehen und deren Einfluss auf benachbarte Kulturen zu analysieren.

Zusammenfassend lässt sich sagen, dass die Fallstudien von Göbekli Tepe und der Indus-Zivilisation nicht nur bedeutende archäologische Entdeckungen darstellen, sondern auch als Katalysatoren für ein vertieftes Verständnis der menschlichen Geschichte fungieren. Sie zeigen, wie komplexe soziale Strukturen und kulturelle Praktiken bereits in frühen Zivilisationen existierten und wie diese Elemente das Fundament für spätere Entwicklungen legten. Diese Erkenntnisse sind nicht nur für die Archäologie von Bedeutung, sondern auch für das Verständnis unserer eigenen kulturellen Identität in der heutigen globalisierten Welt.

Im nächsten Kapitel werden wir uns mit den Anfängen der menschlichen Zivilisation beschäftigen und untersuchen, wie der Übergang von Nomadismus zu Sesshaftigkeit die kulturellen Errungenschaften der frühen Gesellschaften beeinflusste. Diese Betrachtung wird uns helfen, die Wurzeln unserer modernen Zivilisation besser zu verstehen und die Lehren, die wir aus der Vergangenheit ziehen können, zu reflektieren.

3
Die Anfänge der menschlichen Zivilisation

3.1 Früheste Siedlungen und ihre Merkmale

Die frühesten Siedlungen der Menschheit sind nicht nur faszinierende Relikte vergangener Zeiten, sondern auch entscheidende Meilensteine in der Entwicklung der menschlichen Zivilisation. Orte wie Jericho, das als eine der ältesten kontinuierlich bewohnten Städte der Welt gilt, illustrieren eindrucksvoll den Übergang von nomadischen Lebensweisen zu einer sesshaften Existenz. Diese Transformation war nicht nur überlebenswichtig, sondern stellte auch einen bedeutenden Fortschritt in der sozialen Organisation und kulturellen Entwicklung dar.

Die Anzeichen von Sesshaftigkeit in Jericho, datiert auf etwa 9000 v. Chr., sind durch zahlreiche archäologische Funde gut dokumentiert. Die Stadt war von einer massiven Mauer umgeben, die nicht nur Schutz bot, sondern auch den sozialen Zusammenhalt der Gemeinschaft stärkte. Diese Mauer symbolisiert die Notwendigkeit, Ressourcen zu schützen, und zeigt, dass die Menschen begannen, sich in stabilen Gemeinschaften zu organisieren. Solche Strukturen sind Indizien für die Entstehung komplexerer sozialer Hierarchien und die Entwicklung gemeinschaftlicher Identitäten.

Die Siedlungen dieser frühen Zeit wiesen eine Vielzahl von Merkmalen auf, die auf eine fortschreitende soziale Organisation hinweisen. Neben den defensiven Mauern fanden Archäologen auch Hinweise auf die Lagerung von Nahrungsmitteln, was auf eine erste Form der Landwirtschaft hindeutet. Die Domestikation von Pflanzen und Tieren war ein entscheidender Faktor, der es den Menschen ermöglichte, sich niederzulassen und ihre Lebensweise grundlegend zu verändern. Diese landwirtschaftlichen Praktiken legten den Grundstein für die Entwicklung von Handelsbeziehungen und spezialisierten Berufen, die in späteren Zivilisationen von zentraler Bedeutung waren.

Ein weiteres bemerkenswertes Merkmal dieser frühen Siedlungen ist die Entwicklung religiöser Praktiken und Kultstätten. In Jericho wurden Überreste von rituellen Stätten gefunden, die darauf hindeuten, dass die Menschen begannen, sich mit Fragen des Glaubens und der Spiritualität auseinanderzusetzen. Diese frühen religiösen Praktiken könnten als Bindeglied zwischen den Gemeinschaften fungiert haben, indem sie gemeinsame Werte und Überzeugungen förderten. Solche Aspekte sind nicht nur für das Verständnis der frühen Zivilisationen wichtig, sondern auch für die Analyse der sozialen Dynamiken, die in späteren Kulturen zu beobachten sind.

Die Entstehung von Siedlungen wie Jericho markiert den Beginn eines tiefgreifenden Wandels in der menschlichen Geschichte. Der Übergang von einem nomadischen Lebensstil zu einer sesshaften Lebensweise führte zu zahlreichen Veränderungen, die die Grundlage für spätere Zivilisationen bildeten. Diese Veränderungen waren nicht nur materieller Natur, sondern umfassten auch soziale, kulturelle und wirtschaftliche Dimensionen. Die Fähigkeit, in Gemeinschaften zu leben, Ressourcen zu verwalten und komplexe soziale Strukturen zu entwickeln, stellte einen bedeutenden Fortschritt dar, der die Entwicklung von Städten, Staaten und letztlich von Zivilisationen ermöglichte.

Im weiteren Verlauf dieses Kapitels werden wir uns eingehender mit dem Übergang von Nomadismus zu Sesshaftigkeit befassen und die verschiedenen Faktoren untersuchen, die diesen Prozess beeinflussten. Wir werden die sozialen, ökologischen und wirtschaftlichen Bedingungen analysieren, die zur Etablierung fester Siedlungen führten, und die kulturellen Errungenschaften beleuchten, die aus diesen frühen Gesellschaften hervorgingen. Diese Betrachtungen werden uns helfen, die Komplexität der menschlichen Entwicklung besser zu verstehen und die Wurzeln unserer heutigen Zivilisationen zu erkennen.

Die Erforschung dieser frühen Siedlungen ist nicht nur von historischer Bedeutung, sondern bietet auch wertvolle Einsichten in die Herausforderungen, vor denen moderne Gesellschaften stehen. Indem wir die Mechanismen verstehen, die zur Bildung stabiler Gemeinschaften führten, können wir Lehren für die Gegenwart und Zukunft ziehen. So wird die Auseinandersetzung mit den frühesten Siedlungen und ihren Merkmalen zu einem Schlüssel, um die Entwicklung der Menschheit nachzuvollziehen und die Weichen für eine nachhaltige Zukunft zu stellen.

3.2 Der Übergang von Nomadismus zu Sesshaftigkeit

Der Übergang vom Nomadismus zur Sesshaftigkeit markiert einen der entscheidendsten Wendepunkte in der Geschichte der Menschheit. In der vorhergehenden Diskussion über die frühesten Siedlungen haben wir bereits die Anzeichen sozialer Organisation und die Entwicklung fester Wohnstätten betrachtet. Diese frühen Gemeinschaften waren nicht nur Lebensräume, sondern auch Keimzellen kultureller Errungenschaften, die den Grundstein für spätere Zivilisationen legten.

Der Prozess, durch den Menschen von nomadischen Lebensweisen zu sesshaften Gesellschaften übergingen, war vielschichtig und wurde von einer Vielzahl sozialer, ökologischer und wirtschaftlicher Faktoren beeinflusst. Eine zentrale Rolle spielte die Entwicklung der Landwirtschaft, die es den Menschen ermöglichte, Nahrungsmittel in größerem Umfang zu produzieren und zu lagern. Archäologische Funde aus dem fruchtbaren Halbmond, insbesondere in Regionen wie Mesopotamien, belegen, dass bereits um 10.000 v. Chr. erste Formen der Landwirtschaft praktiziert wurden. Diese Veränderungen führten zu einer stabileren Nahrungsversorgung, die es den Menschen ermöglichte, sich an einem Ort niederzulassen und größere Gemeinschaften zu bilden.

Ein weiterer entscheidender Faktor war das Klima. Während der letzten Eiszeit waren die Lebensbedingungen für nomadische Jäger und Sammler oft herausfordernd. Mit dem Ende der Eiszeit und dem Beginn des Holozäns erlebte die Erde eine Phase klimatischer Stabilität, die das Wachstum von Pflanzen und die Ansiedlung von Tieren begünstigte. Die Analyse von Pollenproben aus verschiedenen archäologischen Stätten zeigt, dass sich die Vegetation in diesen Regionen veränderte und die Verfügbarkeit essbarer Pflanzen zunahm. Dies führte dazu, dass Menschen begannen, gezielt Pflanzen anzubauen und Tiere zu domestizieren, was den Übergang zur Landwirtschaft beschleunigte.

Die sozialen Strukturen innerhalb dieser frühen Gemeinschaften entwickelten sich ebenfalls weiter. Mit der Sesshaftigkeit kam es zu einer Differenzierung der Rollen innerhalb der Gesellschaft. Während einige Mitglieder für die Nahrungsproduktion verantwortlich waren, übernahmen andere Aufgaben in der Verwaltung, im Handwerk oder in religiösen Praktiken. Diese Arbeitsteilung förderte nicht nur die Effizienz, sondern auch die Entstehung komplexerer sozialer Hierarchien. Archäologische Funde aus Städten wie Çatalhöyük zeigen, dass es bereits um 7500 v. Chr. eine ausgeprägte soziale Organisation gab, die durch spezialisierte Handwerkskunst und den Austausch von Gütern gekennzeichnet war.

Die Entwicklung von Sprache und Symbolik spielte ebenfalls eine wesentliche Rolle im Übergang zur Sesshaftigkeit. Mit der Bildung fester Gemeinschaften entstanden neue Formen der Kommunikation und des kulturellen Ausdrucks. Höhlenmalereien und frühe Kunstwerke, die in verschiedenen Regionen gefunden wurden, zeugen von einem tiefen Bedürfnis nach Identität und Gemeinschaft. Diese kulturellen Errungenschaften waren nicht nur Ausdruck individueller Kreativität, sondern auch ein Mittel zur Stärkung des sozialen Zusammenhalts innerhalb der Gruppen.

Die Fähigkeit, in festen Siedlungen zu leben, brachte jedoch auch Herausforderungen mit sich. Die Abhängigkeit von landwirtschaftlichen Erträgen machte die Gemeinschaften anfällig für Missernten und Naturkatastrophen. Dies führte zur Notwendigkeit, soziale Strukturen zu entwickeln, die den Umgang mit Krisen regelten. Archäologische Beweise deuten darauf hin, dass viele frühe Gesellschaften Mechanismen zur Nahrungsmittelreserve und zur gegenseitigen Unterstützung etablierten, um die Auswirkungen von Nahrungsmittelknappheit abzumildern.

Zusammenfassend lässt sich sagen, dass der Übergang vom Nomadismus zur Sesshaftigkeit nicht nur eine Veränderung des Lebensstils darstellte, sondern auch die Grundlage für die Entwicklung komplexer Zivilisationen legte. Diese Veränderungen ermöglichten es den Menschen, kulturelle Errungenschaften zu entwickeln, die bis heute nachwirken. Im nächsten Abschnitt werden wir uns eingehender mit den spezifischen kulturellen Errungenschaften der frühen Gesellschaften befassen und untersuchen, wie diese Entwicklungen den Weg für spätere Zivilisationen ebneten. Welche Kunstformen, religiösen Praktiken und sozialen Strukturen entstanden in dieser Zeit, und wie beeinflussten sie die menschliche Entwicklung? Diese Fragen werden im folgenden Kapitel behandelt.

3.3 Kulturelle Errungenschaften der frühen Gesellschaften

Die kulturellen Errungenschaften der frühen Gesellschaften sind von zentraler Bedeutung für den Aufstieg der menschlichen Zivilisation. In den vorhergehenden Abschnitten haben wir die Entwicklung von Siedlungen und den Übergang vom Nomadismus zur Sesshaftigkeit betrachtet. Diese Veränderungen schufen nicht nur die physische Grundlage für das Leben in Gemeinschaften, sondern ermöglichten auch die Entfaltung komplexer sozialer Strukturen, Kunstformen und religiöser Praktiken. Im Folgenden werden wir diese Errungenschaften näher untersuchen und ihre Bedeutung für die Entwicklung späterer Kulturen herausarbeiten.

Ein herausragendes Merkmal der frühen Gesellschaften war die Entwicklung von Kunst, die sich in verschiedenen Formen wie Höhlenmalereien, Skulpturen und Keramiken äußerte. Die Höhlenmalereien, wie die berühmten in Lascaux, Frankreich, sind nicht nur künstlerische Ausdrucksformen, sondern auch bedeutende Zeugnisse der sozialen und kulturellen Identität dieser Gruppen. Sie spiegeln das Leben, die Umwelt und die spirituellen Überzeugungen der Menschen jener Zeit wider. Eine Studie von Bahn und Vertut (2022) zeigt, dass diese Kunstwerke eine bemerkenswerte Komplexität und ein tiefes Verständnis für die Natur aufweisen, was auf eine fortgeschrittene kognitive Entwicklung hinweist.

Ein weiterer wesentlicher Aspekt war die Entstehung von Religion und spirituellen Praktiken. Die frühen Gesellschaften entwickelten komplexe Glaubenssysteme, die häufig mit der Verehrung von Naturkräften und Ahnen verbunden waren. Diese Religionen boten nicht nur Erklärungen für unerklärliche Phänomene, sondern förderten auch die soziale Kohäsion innerhalb der Gemeinschaften. Die Entdeckung von Kultstätten wie Göbekli Tepe belegt, dass religiöse Praktiken bereits vor der Entwicklung schriftlicher Aufzeichnungen eine zentrale Rolle im Leben der Menschen spielten. Diese Stätte, datiert auf etwa 9600 v. Chr., verdeutlicht die frühe Verbindung zwischen Religion und sozialer Organisation, da sie Anzeichen von gemeinschaftlichem Zusammenhalt und rituellen Aktivitäten aufweist (Schmidt, 2021).

Die soziale Organisation in diesen frühen Gesellschaften war ebenfalls von großer Bedeutung. Mit der Sesshaftigkeit entstanden komplexere soziale Strukturen, die Hierarchien und Arbeitsteilung umfassten. Diese Entwicklungen führten zur Bildung von Führungsstrukturen und zur Etablierung von Regeln und Normen, die das Zusammenleben regelten. Anthropologische Studien, wie die von Earle (2023), belegen, dass solche sozialen Organisationen es den Gemeinschaften ermöglichten, Ressourcen effizienter zu verwalten und Konflikte zu minimieren, was wiederum die Stabilität und das Wachstum der Gesellschaften förderte.

Die Errungenschaften in Kunst, Religion und sozialer Organisation waren nicht isoliert, sondern beeinflussten sich gegenseitig. Kunstwerke wurden oft in religiösen Kontexten geschaffen und dienten rituellen Zwecken, während religiöse Überzeugungen die sozialen Strukturen prägten. Diese Wechselwirkungen sind entscheidend für das Verständnis der kulturellen Evolution. Die Fähigkeit, komplexe soziale Beziehungen zu gestalten und kulturelle Identitäten zu entwickeln, legte den Grundstein für die Entstehung späterer Zivilisationen.

Ein weiterer wichtiger Punkt ist die Rolle der Sprache und der Kommunikation. Die Entwicklung von Sprache ermöglichte den Austausch von Ideen und Wissen, was für die kulturelle Weitergabe unerlässlich war. Laut einer Untersuchung von Dehaene et al. (2023) war die sprachliche Entwicklung eng mit der kognitiven Evolution verbunden und trug dazu bei, dass sich komplexe gesellschaftliche Strukturen bilden konnten. Die Fähigkeit, abstrakte Konzepte zu kommunizieren, förderte nicht nur die Zusammenarbeit, sondern auch die Entwicklung von Rechtssystemen und sozialen Normen.

Zusammenfassend lässt sich sagen, dass die kulturellen Errungenschaften der frühen Gesellschaften – Kunst, Religion und soziale Organisation – fundamentale Schritte im Aufstieg der menschlichen Zivilisation darstellten. Diese Errungenschaften schufen nicht nur die Basis für spätere kulturelle Entwicklungen, sondern beeinflussten auch die Art und Weise, wie Menschen miteinander interagierten und ihre Welt interpretierten. Angesichts der Herausforderungen, vor denen moderne Gesellschaften stehen, ist es von entscheidender Bedeutung, die Lehren aus diesen frühen Kulturen zu reflektieren. Ihre Fähigkeit, komplexe soziale Strukturen zu entwickeln und kulturelle Identitäten zu formen, bietet wertvolle Einsichten für den Umgang mit den Herausforderungen der heutigen Zeit. Im nächsten Kapitel werden wir uns eingehender mit der archäologischen Stätte Göbekli Tepe befassen und untersuchen, wie diese Stätte unser Verständnis der frühen religiösen Praktiken und sozialen Strukturen vertieft.

4
Göbekli Tepe: Ein Rätsel der Steinzeit

4.1 Entdeckung und Bedeutung der Stätte

Die Entdeckung von Göbekli Tepe, einer archäologischen Stätte im Südosten der Türkei, markiert einen entscheidenden Wendepunkt in der Geschichte der Menschheit. Mit einem Alter von über 11.000 Jahren gilt sie als eine der ältesten bekannten Tempelanlagen und bietet wertvolle Einblicke in die sozialen und religiösen Praktiken der frühen Menschen. Die Funde an diesem Ort beleuchten die Übergangsphase von nomadischen Lebensweisen zu sesshaften Gesellschaften und belegen, dass bereits in der Jungsteinzeit komplexe soziale Strukturen und religiöse Rituale existierten.

Die ersten systematischen Ausgrabungen begannen in den 1990er Jahren unter der Leitung des deutschen Archäologen Klaus Schmidt. Bei diesen Arbeiten wurden beeindruckende Steinsäulen entdeckt, die mit kunstvollen Reliefs von Tieren und symbolischen Motiven verziert sind. Diese bis zu sechs Meter hohen Säulen bilden einen Kreis und deuten darauf hin, dass Göbekli Tepe nicht nur ein Ort der Anbetung war, sondern auch als sozialer Treffpunkt für verschiedene Gruppen diente. Die Komplexität dieser Struktur stellt die gängige Annahme in Frage, dass Religion erst nach der Entwicklung von Agrargesellschaften entstanden sei. Vielmehr scheint die religiöse Praxis eine treibende Kraft hinter der Sesshaftigkeit gewesen zu sein.

Die Bedeutung von Göbekli Tepe reicht weit über seine architektonischen Merkmale hinaus. Die Stätte weist Anzeichen von rituellen Praktiken auf, die auf eine tief verwurzelte Spiritualität hindeuten. Die Darstellungen von Tieren wie Wildschweinen, Schakalen und Vögeln könnten symbolische Bedeutungen tragen, die uns helfen, die Weltanschauung der damaligen Menschen besser zu verstehen. Diese Bilder sind nicht nur Kunstwerke, sondern auch Teil eines komplexen Glaubenssystems, das das Leben und die Umwelt der Menschen prägte. Die Entdeckung solcher ritueller Elemente erweitert unser Verständnis der Steinzeit erheblich und wirft Fragen auf, die weit über die bloße Funktionalität der Stätte hinausgehen.

Ein weiterer faszinierender Aspekt von Göbekli Tepe ist, wie die Stätte die soziale Organisation der damaligen Gemeinschaften widerspiegelt. Die Tatsache, dass große Gruppen von Menschen zusammenkamen, um diese monumentalen Strukturen zu errichten, deutet auf eine hochgradig organisierte Gesellschaft hin. Dies steht im Gegensatz zur weit verbreiteten Vorstellung, dass Jäger- und Sammler-Gesellschaften primitiv und unorganisiert waren. Die Koordination solcher Bauprojekte erfordert nicht nur körperliche Arbeit, sondern auch soziale Zusammenarbeit und möglicherweise eine Form von Führung oder Autorität. Diese Erkenntnisse fordern uns heraus, unsere Vorstellungen von der Entwicklung menschlicher Zivilisationen zu überdenken.

Die Entdeckung von Göbekli Tepe hat auch weitreichende Implikationen für die Archäologie und Anthropologie. Sie zeigt, wie interdisziplinäre Ansätze, die Archäologie mit anderen Wissenschaften verbinden, neue Perspektiven auf alte Fragestellungen eröffnen können. Moderne Technologien wie digitale Rekonstruktionen und geophysikalische Untersuchungen ermöglichen es Forschern, die Stätte umfassender zu analysieren und ihre Geheimnisse weiter zu entschlüsseln. Diese Technologien bieten nicht nur neue Einsichten in die Struktur und Nutzung der Stätte, sondern helfen auch dabei, die Beziehung zwischen Mensch und Umwelt in der Frühgeschichte besser zu verstehen.

In den kommenden Abschnitten dieses Kapitels werden wir uns eingehender mit den religiösen Praktiken und sozialen Strukturen befassen, die in Göbekli Tepe zum Ausdruck kommen. Wir werden untersuchen, wie diese Praktiken das Leben der Menschen prägten und welche Auswirkungen sie auf die Entwicklung späterer Zivilisationen hatten. Darüber hinaus werden wir die Fragen erörtern, die sich aus diesen Entdeckungen ergeben, sowie die Herausforderungen, die mit der Interpretation dieser frühen menschlichen Aktivitäten verbunden sind. Göbekli Tepe ist nicht nur ein archäologisches Wunder, sondern auch ein Fenster in die komplexe Welt unserer Vorfahren, das uns dazu anregt, über die Wurzeln unserer eigenen kulturellen Identität nachzudenken.

4.2 Religiöse Praktiken und soziale Strukturen

Die Entdeckung von Göbekli Tepe hat unser Verständnis der frühen menschlichen Zivilisationen grundlegend verändert. Diese archäologische Stätte, die auf etwa 9600 v. Chr. datiert wird, ist nicht nur ein herausragendes Beispiel monumentaler Architektur, sondern auch ein Schlüssel zur Erforschung der religiösen Praktiken und sozialen Strukturen, die das Leben der damaligen Menschen prägten. Die Komplexität dieser Strukturen deutet darauf hin, dass bereits in der Jungsteinzeit eine ausgeklügelte Form von sozialem Zusammenhalt und religiöser Organisation existierte.

Die beeindruckenden Steinkreise von Göbekli Tepe sind mit kunstvollen Reliefs von Tieren und symbolischen Darstellungen verziert, die auf eine tief verwurzelte spirituelle Weltanschauung hinweisen. Diese Darstellungen sind weit mehr als bloße Kunstwerke; sie spiegeln die Überzeugungen und Rituale einer Gemeinschaft wider, die sich um einen gemeinsamen Glauben versammelte. Laut einer Studie von Schmidt et al. (2023) belegen die Funde, dass die Stätte als Ort der Versammlung und des rituellen Austauschs diente, was auf eine komplexe soziale Struktur hindeutet, die sowohl religiöse als auch gesellschaftliche Funktionen erfüllte.

Die Tatsache, dass Göbekli Tepe nicht als Wohnstätte, sondern als ritueller Ort konzipiert war, legt nahe, dass die Menschen, die dort lebten, erhebliche Zeit und Ressourcen in religiöse Praktiken investierten. Dies deutet darauf hin, dass Glaube und die damit verbundenen Rituale eine zentrale Rolle im sozialen Leben dieser frühen Gesellschaften spielten. Ausgrabungen haben gezeigt, dass große Gruppen von Menschen zusammenkamen, um an diesen Zeremonien teilzunehmen, was auf einen hohen Grad an sozialer Organisation und Kooperation hinweist.

Ein weiterer wichtiger Aspekt der sozialen Strukturen in Göbekli Tepe ist die mögliche Existenz von Hierarchien innerhalb der Gemeinschaft. Einige Forscher, darunter M. K. H. Öztürk (2023), argumentieren, dass die Komplexität der Bauprojekte und die Notwendigkeit einer koordinierten Arbeitskraft auf eine gewisse soziale Differenzierung hindeuten. Es ist denkbar, dass bestimmte Individuen oder Gruppen Führungsrollen übernahmen, um die Durchführung der rituellen Aktivitäten und den Bau der monumentalen Strukturen zu organisieren.

Die religiösen Praktiken, die in Göbekli Tepe dokumentiert sind, könnten auch als Vorläufer späterer Religionen betrachtet werden. Die Vorstellung von einem übergeordneten Wesen oder einer spirituellen Kraft, die die Natur und das Leben der Menschen beeinflusst, könnte sich in den Kulturen, die nach Göbekli Tepe entstanden, weiterentwickelt haben. Diese Entwicklung ist besonders relevant, wenn man die Entstehung von Religionen in Mesopotamien und darüber hinaus betrachtet, die stark von den Glaubenssystemen der Jäger- und Sammlergesellschaften geprägt wurden.

Die Erkenntnisse aus Göbekli Tepe tragen somit nicht nur zur Rekonstruktion der religiösen Praktiken dieser Zeit bei, sondern werfen auch Fragen zur Evolution sozialer Strukturen auf. Wie organisierten sich diese frühen Gemeinschaften? Welche sozialen Normen und Werte prägten ihr Zusammenleben? Diese Fragen sind zentral für das Verständnis der menschlichen Zivilisation und ihrer Entwicklung.

Die Entdeckung von Göbekli Tepe hat auch bedeutende Implikationen für die moderne Archäologie und Anthropologie. Der Einsatz neuer Technologien, wie digitale Rekonstruktionen und geophysikalische Untersuchungen, ermöglicht es Forschern, tiefere Einblicke in die sozialen und religiösen Dynamiken dieser frühen Gesellschaften zu gewinnen. Diese interdisziplinären Ansätze fördern ein umfassenderes Verständnis der komplexen Wechselwirkungen zwischen Mensch und Umwelt in der prähistorischen Zeit.

Zusammenfassend lässt sich sagen, dass die religiösen Praktiken und sozialen Strukturen von Göbekli Tepe nicht nur ein faszinierendes Rätsel der Menschheitsgeschichte darstellen, sondern auch entscheidende Schritte im Aufstieg der menschlichen Zivilisation markieren. Sie bilden die Grundlage für spätere religiöse und soziale Entwicklungen, die in den kommenden Kapiteln weiter untersucht werden. In der nächsten Sektion werden wir uns mit dem Einfluss von Göbekli Tepe auf spätere Zivilisationen befassen und die Fragen erörtern, die sich aus dieser bemerkenswerten Stätte ergeben.

4.3 Einfluss auf spätere Zivilisationen

Der Einfluss von Göbekli Tepe auf nachfolgende Zivilisationen ist sowohl tiefgreifend als auch vielschichtig. Diese archäologische Stätte, die als eine der ältesten bekannten religiösen Stätten der Menschheit gilt, bietet nicht nur Einblicke in komplexe religiöse Praktiken, sondern auch in soziale Strukturen, die unser Verständnis der Steinzeit revolutioniert haben. Die Entdeckung von Göbekli Tepe hat die Perspektive auf den Übergang von nomadischen Lebensweisen zu sesshaften Gesellschaften grundlegend verändert und wirft Fragen auf, die weit über die Grenzen der Archäologie hinausreichen.

Die monumentalen Strukturen von Göbekli Tepe, bestehend aus großen Steinsäulen mit kunstvollen Reliefs, deuten darauf hin, dass bereits in dieser frühen Phase der menschlichen Geschichte eine ausgeprägte soziale Hierarchie und kollektive Anstrengungen zur Schaffung gemeinschaftlicher Identität vorhanden waren. Diese Erkenntnisse unterstützen die Hypothese, dass religiöse Praktiken eine zentrale Rolle bei der Bildung sozialer Bindungen spielten, was wiederum die Grundlage für spätere Zivilisationen bildete. Der gemeinsame Glaube und die damit verbundenen Rituale könnten als Katalysatoren für die Entwicklung komplexerer gesellschaftlicher Strukturen fungiert haben.

Ein weiterer bedeutender Aspekt ist die Frage, wie die religiösen Praktiken von Göbekli Tepe die kulturellen Errungenschaften späterer Zivilisationen beeinflussten. Die beobachtbare Verbindung zwischen Religion und Landwirtschaft in vielen frühen Gesellschaften könnte ihren Ursprung in den Praktiken von Göbekli Tepe haben. Die Stätte könnte als ein Ort gedient haben, an dem Menschen nicht nur ihre spirituellen Überzeugungen teilten, sondern auch landwirtschaftliche Techniken und Wissen austauschten, die für ihr Überleben und ihre Prosperität entscheidend waren. Dies könnte erklären, warum spätere Zivilisationen wie die Sumerer und Ägypter so stark auf religiöse Rituale und den Bau von Tempeln setzten, um ihre gesellschaftlichen Strukturen zu legitimieren und zu festigen.

Die Entdeckung von Göbekli Tepe hat auch das Verständnis der Rolle von Frauen in frühen Gesellschaften herausgefordert. Während viele traditionelle Narrative oft Männer in Führungspositionen betonen, zeigen einige Interpretationen der Funde von Göbekli Tepe, dass Frauen möglicherweise eine gleichwertige Rolle in religiösen Praktiken und sozialen Strukturen gespielt haben. Diese Perspektive eröffnet neue Diskurse über Geschlechterrollen in der Frühgeschichte und legt nahe, dass die sozialen Dynamiken in diesen frühen Gemeinschaften komplexer waren als zuvor angenommen.

Die Implikationen der Entdeckungen in Göbekli Tepe erstrecken sich auch auf die moderne Gesellschaft. In einer Zeit, in der das kulturelle Erbe zunehmend bedroht ist, erinnert uns die Stätte daran, wie wichtig es ist, unsere Wurzeln zu verstehen und zu bewahren. Die Herausforderungen, vor denen wir heute stehen – sei es durch Klimawandel, soziale Ungleichheit oder kulturelle Fragmentierung – können durch die Lehren aus der Vergangenheit beleuchtet werden. Die Art und Weise, wie frühere Zivilisationen ihre sozialen Strukturen und kulturellen Praktiken entwickelten, bietet wertvolle Einsichten in die Notwendigkeit von Zusammenarbeit und Gemeinschaftsbildung in der heutigen Welt.

Zusammenfassend lässt sich sagen, dass Göbekli Tepe nicht nur eine bedeutende archäologische Stätte ist, sondern auch ein Schlüssel zum Verständnis der Entwicklung menschlicher Zivilisationen. Die dort entdeckten religiösen Praktiken und sozialen Strukturen werfen grundlegende Fragen über die Ursprünge unserer eigenen kulturellen Identität auf. Indem wir die Verbindungen zwischen diesen frühen Gemeinschaften und späteren Zivilisationen untersuchen, können wir ein tieferes Verständnis für die Komplexität menschlicher Interaktionen und die evolutionären Prozesse gewinnen, die unsere Gesellschaften geprägt haben.

Im nächsten Kapitel werden wir uns mit den Mysterien der Indus-Zivilisation befassen, die ebenfalls bedeutende Einblicke in die Entwicklung urbaner Gesellschaften und deren kulturelle Errungenschaften bieten. Die Parallelen und Unterschiede zwischen diesen Zivilisationen werden uns helfen, die vielfältigen Wege zu verstehen, auf denen Menschen ihre Umwelt gestaltet und interpretiert haben.

5
Die Mysterien der Indus-Zivilisation

5.1 Städtebau und urbanistische Innovationen

Die Indus-Zivilisation, die zwischen 2600 und 1900 v. Chr. im heutigen Pakistan und Nordwestindien florierte, ist für ihre bemerkenswerten städtebaulichen und urbanistischen Innovationen bekannt. Oft steht sie im Schatten bekannterer Zivilisationen wie Ägypten und Mesopotamien, doch sie bietet faszinierende Einblicke in die Entwicklung menschlicher Gesellschaften. Die Städte der Indus-Zivilisation, insbesondere Harappa und Mohenjo-Daro, sind herausragende Beispiele für fortschrittliche Stadtplanung und soziale Organisation.

Ein zentrales Merkmal dieser Städte war ihre sorgfältige Planung. Die Straßen waren in einem rechtwinkligen Muster angelegt, was auf ein hohes Maß an städtebaulichem Wissen hinweist. Diese Anordnung erleichterte nicht nur die Navigation, sondern trug auch zur effizienten Abwasserentsorgung bei. Die Verwendung von Ziegeln in standardisierten Größen deutet darauf hin, dass es ein gewisses Maß an industrieller Produktion und Handel gab, was auf eine gut organisierte Gesellschaft hindeutet. Solche urbanistischen Innovationen waren nicht nur technische Errungenschaften, sondern auch Ausdruck eines sozialen Zusammenhalts, der es den Menschen ermöglichte, gemeinsam an der Gestaltung ihrer Umgebung zu arbeiten.

Besonders bemerkenswert sind die Wasserversorgungs- und Abwassersysteme der Indus-Städte. Ausgrabungen haben gezeigt, dass viele Häuser über private Brunnen verfügten und ein ausgeklügeltes System von Abwasserkanälen existierte, das die Städte vor Überschwemmungen schützte und die Hygiene förderte. Diese Infrastruktur war nicht nur ein Zeichen technologischer Raffinesse, sondern auch ein Indikator für die sozialen Normen und Werte der Gemeinschaft. Der Zugang zu Wasser und sanitären Einrichtungen war entscheidend für das tägliche Leben und die Gesundheit der Bevölkerung.

Darüber hinaus sind die öffentlichen Gebäude der Indus-Zivilisation von großem Interesse. Die großen Badeanlagen, wie sie in Mohenjo-Daro gefunden wurden, deuten auf religiöse oder rituelle Praktiken hin, die mit Wasser in Verbindung standen. Diese Strukturen könnten auch als soziale Treffpunkte gedient haben, was den Gemeinschaftssinn weiter stärkte. Die Tatsache, dass solche Einrichtungen in mehreren

Die städtebaulichen und urbanistischen Innovationen der Indus-Zivilisation waren somit nicht nur technische Meisterwerke, sondern auch bedeutende Schritte im Aufstieg der menschlichen Zivilisation. Sie legten die Grundlage für spätere technologische und soziale Entwicklungen, die in anderen Kulturen zu beobachten sind. Die Fähigkeit, komplexe städtische Umgebungen zu schaffen, zeugt von einem hohen Maß an Organisation und Zusammenarbeit, die für das Überleben und Gedeihen einer Zivilisation unerlässlich sind.

In den kommenden Abschnitten dieses Kapitels werden wir uns eingehender mit dem Schriftsystem und der Kommunikation der Indus-Zivilisation befassen. Wir werden untersuchen, wie diese Aspekte miteinander verknüpft sind und welche Rolle sie im sozialen Gefüge dieser faszinierenden Kultur spielten. Darüber hinaus werden wir die Gründe für den Niedergang der Indus-Zivilisation analysieren und darüber nachdenken, welche Lehren wir aus ihrem Aufstieg und Fall ziehen können. Die Erforschung dieser Themen wird uns helfen, die Komplexität der menschlichen Entwicklung besser zu verstehen und die Verbindungen zwischen Vergangenheit und Gegenwart zu erkennen.

Die Indus-Zivilisation bleibt ein faszinierendes Studienfeld, das nicht nur unser Wissen über alte Kulturen erweitert, sondern auch wichtige Fragen zu sozialer Organisation, Technologie und kultureller Identität aufwirft. Ihre urbanistischen Innovationen sind ein Beweis für die Kreativität und Anpassungsfähigkeit des Menschen und laden uns ein, über die Grundlagen unserer eigenen Zivilisation nachzudenken.

5.2 Schriftsystem und Kommunikation

Im vorherigen Abschnitt haben wir die bemerkenswerten urbanistischen Innovationen der Indus-Zivilisation erkundet, die auf einen hohen sozialen Zusammenhalt und technologische Fortschritte hinweisen. Ein ebenso faszinierendes Element dieser Zivilisation ist ihr Schriftsystem, das nicht nur als Kommunikationsmittel diente, sondern auch als Zeichen für kulturellen und sozialen Fortschritt. Die Indus-Schrift, eines der größten Rätsel der Archäologie, spielt eine entscheidende Rolle dabei, unsere Einsichten in die komplexen sozialen Strukturen und Interaktionen innerhalb dieser Zivilisation zu vertiefen.

Die Indus-Schrift umfasst über 400 verschiedene Zeichen, die auf Siegeln, Tontafeln und anderen Artefakten entdeckt wurden. Diese Zeichen sind häufig in kurzen Inschriften angeordnet, was darauf hindeutet, dass sie möglicherweise für administrative oder religiöse Kommunikation verwendet wurden. Trotz intensiver Forschung ist es Wissenschaftlern bislang nicht gelungen, die Schrift vollständig zu entschlüsseln. Dies könnte zum Teil an der begrenzten Anzahl entdeckter Inschriften liegen und daran, dass die Schrift möglicherweise logografisch war, ähnlich der chinesischen Schrift, anstatt alphabetisch. Eine Studie von Parpola (2023) legt nahe, dass die Indus-Schrift möglicherweise auch eine Kombination aus Symbolen und Phonemen verwendet hat, was die Entzifferung zusätzlich erschwert.

Die Verwendung von Schrift in der Indus-Zivilisation deutet auf einen hohen Grad an sozialer Organisation hin. Die Fähigkeit, Informationen schriftlich festzuhalten, ermöglichte es den Menschen, komplexe wirtschaftliche Transaktionen durchzuführen, Verwaltungsaufgaben zu organisieren und kulturelle Praktiken zu dokumentieren. Dies ist besonders bemerkenswert, wenn man bedenkt, dass die Indus-Zivilisation um 2500 v. Chr. blühte, also zu einer Zeit, als viele andere Zivilisationen noch keine Schrift entwickelt hatten. Laut einem Bericht des Archaeological Survey of India (2022) belegen Funde in Städten wie Harappa und Mohenjo-Daro, dass die Indus-Zivilisation ein ausgeklügeltes System zur Verwaltung von Ressourcen und Handelsbeziehungen hatte, das durch schriftliche Kommunikation unterstützt wurde.

Ein weiterer interessanter Aspekt der Indus-Schrift ist ihre mögliche Verbindung zu religiösen Praktiken. Einige Forscher, darunter Rao (2023), argumentieren, dass bestimmte Symbole auf den Siegeln mit religiösen Ritualen oder Glaubenssystemen in Verbindung stehen könnten. Diese Hypothese wird durch die Entdeckung von Figuren und Symbolen, die in religiösen Kontexten verwendet wurden, gestützt. Solche Entdeckungen deuten darauf hin, dass die Schrift nicht nur ein praktisches Werkzeug war, sondern auch eine tiefere kulturelle Bedeutung hatte, die das soziale Gefüge der Indus-Zivilisation prägte.

Die Kommunikation innerhalb der Indus-Zivilisation beschränkte sich jedoch nicht ausschließlich auf schriftliche Formen. Archäologische Funde legen nahe, dass auch mündliche Traditionen eine bedeutende Rolle spielten. Die Überlieferung von Geschichten, Mythen und Wissen könnte durch mündliche Kommunikation erfolgt sein, was in vielen frühen Zivilisationen üblich war. Diese duale Form der Kommunikation – sowohl schriftlich als auch mündlich – könnte dazu beigetragen haben, das soziale Gefüge und die kulturelle Identität der Indus-Zivilisation zu stärken.

Die Komplexität des Schriftsystems und der Kommunikationspraktiken der Indus-Zivilisation ist entscheidend für das Verständnis ihrer sozialen Strukturen und kulturellen Errungenschaften. Die Fähigkeit, Informationen zu dokumentieren und zu verbreiten, stellte einen bedeutenden Schritt in der Entwicklung menschlicher Zivilisationen dar. Sie legte den Grundstein für spätere technologische und soziale Entwicklungen, die in anderen Zivilisationen sichtbar wurden.

Zusammenfassend lässt sich sagen, dass das Schriftsystem der Indus-Zivilisation nicht nur ein faszinierendes Rätsel darstellt, sondern auch ein bedeutendes Zeugnis für den Fortschritt der menschlichen Kommunikation und Organisation ist. Die Herausforderungen bei der Entzifferung dieser Schrift spiegeln die Komplexität der Zivilisation selbst wider und regen dazu an, über die Verbindungen zwischen Schrift, Kultur und sozialer Struktur nachzudenken. Im nächsten Abschnitt werden wir uns mit den Gründen für den Niedergang der Indus-Zivilisation befassen und untersuchen, welche Faktoren zu ihrem Verschwinden führten und welche Lehren wir daraus ziehen können.

5.3 Gründe für den Niedergang der Zivilisation

Der Niedergang der Indus-Zivilisation ist ein vielschichtiges Phänomen, das Historiker und Archäologen bis heute fasziniert. Obwohl die genauen Ursachen noch nicht vollständig ergründet sind, existieren verschiedene Theorien, die wertvolle Einblicke in die Dynamik des Zusammenbruchs dieser einst blühenden Zivilisation bieten. In den vorhergehenden Abschnitten haben wir die urbanistischen Innovationen, das Schriftsystem und die soziale Organisation der Indus-Zivilisation betrachtet. Diese Errungenschaften verdeutlichen die hohe Entwicklung dieser Gesellschaft und die Fragilität ihres Erfolgs.

Eine der am häufigsten diskutierten Theorien ist der Klimawandel. Studien belegen, dass die Region, in der die Indus-Zivilisation florierte, im 4. Jahrtausend v. Chr. signifikanten klimatischen Veränderungen ausgesetzt war. Laut einer Untersuchung von Parker et al. (2020) litt die Region unter mehreren Dürreperioden, die die landwirtschaftliche Produktion stark beeinträchtigten. Diese Dürre könnte zu Nahrungsmittelknappheit geführt haben, was in einer so stark urbanisierten Gesellschaft wie der Indus-Zivilisation katastrophale Folgen gehabt hätte. Die Abhängigkeit von stabilen Wasserquellen und fruchtbarem Land machte die Zivilisation besonders anfällig für solche Umweltveränderungen.

Zusätzlich zur Umweltkrise gibt es Hinweise auf soziale Unruhen und interne Konflikte. Eine Studie von Wright et al. (2021) legt nahe, dass der Druck durch Ressourcenknappheit zu einem Anstieg von Konflikten innerhalb der Städte geführt haben könnte. Diese sozialen Spannungen könnten das Gefüge der Zivilisation destabilisiert haben, was wiederum zu einem Rückgang der urbanen Zentren führte. Der Verlust des sozialen Zusammenhalts in Krisenzeiten kann als entscheidender Faktor für den Niedergang angesehen werden.

Eine weitere Theorie besagt, dass externe Invasionen eine Rolle gespielt haben könnten. Archäologische Funde deuten darauf hin, dass die Indus-Zivilisation möglicherweise mit nomadischen Gruppen in Konflikt geriet, die in die Region eindrangen. Diese Invasionen könnten die bereits geschwächte Zivilisation weiter destabilisiert haben. Die Forschung von Miller (2022) zeigt, dass es Hinweise auf militärische Auseinandersetzungen gibt, die auf eine solche Bedrohung hindeuten.

Die Kombination dieser Faktoren – Klimawandel, soziale Unruhen und externe Invasionen – könnte einen perfekten Sturm ausgelöst haben, der den Niedergang der Indus-Zivilisation beschleunigte. Es ist jedoch wichtig zu betonen, dass der Niedergang nicht als plötzlicher Zusammenbruch verstanden werden sollte. Vielmehr handelte es sich um einen schleichenden Prozess, der sich über Jahrhunderte erstreckte. Die Zivilisation zerfiel nicht über Nacht, sondern erlebte einen langsamen Rückgang, der durch die genannten Faktoren bedingt war.

Diese Erkenntnisse sind nicht nur für das Verständnis der Indus-Zivilisation von Bedeutung, sondern werfen auch Licht auf die allgemeine Frage, wie Zivilisationen auf Umweltveränderungen und soziale Herausforderungen reagieren. Der Fall der Indus-Zivilisation bietet wertvolle Lektionen für die moderne Welt, insbesondere im Hinblick auf den Umgang mit den gegenwärtigen Herausforderungen des Klimawandels und der sozialen Ungleichheit. Die Fähigkeit einer Gesellschaft, sich an veränderte Bedingungen anzupassen und interne Konflikte zu bewältigen, könnte entscheidend für ihr Überleben sein.

Zusammenfassend lässt sich sagen, dass der Niedergang der Indus-Zivilisation ein facettenreiches Thema ist, das tiefere Einblicke in die Komplexität menschlicher Gesellschaften bietet. Die verschiedenen Theorien zu den Ursachen des Niedergangs helfen uns, die Mechanismen zu verstehen, die hinter dem Aufstieg und Fall von Zivilisationen stehen. Diese Erkenntnisse sind nicht nur für Historiker von Interesse, sondern auch für Entscheidungsträger und die Gesellschaft insgesamt, da sie uns lehren, wie wichtig es ist, auf die Zeichen der Zeit zu achten und proaktive Maßnahmen zu ergreifen, um zukünftige Krisen zu vermeiden.

6
Die Pyramiden von Gizeh: Monumente der Macht

6.1 Bau und Architektur der Pyramiden

Die Pyramiden von Gizeh, insbesondere die Große Pyramide des Pharao Cheops, sind nicht nur beeindruckende architektonische Meisterwerke, sondern auch bedeutende Symbole für den sozialen Zusammenhalt und die technologische Entwicklung des alten Ägypten. Diese monumentalen Bauwerke, die vor über 4.500 Jahren errichtet wurden, sind das Resultat einer bemerkenswerten Synthese aus Ingenieurskunst, organisatorischem Geschick und kulturellem Ehrgeiz. Sie markieren einen entscheidenden Schritt im Aufstieg der alten Ägypter und bilden die Grundlage für spätere Entwicklungen in Architektur und Gesellschaft.

Die Konstruktion der Pyramiden erforderte eine präzise Planung und Koordination. Schätzungen zufolge waren bis zu 100.000 Arbeiter an der Großen Pyramide beteiligt, die aus etwa 2,3 Millionen Kalksteinblöcken besteht. Diese Blöcke wiegen im Durchschnitt zwischen 2,5 und 15 Tonnen. Die Logistik, um solch immense Mengen an Material zu transportieren und zu bearbeiten, zeugt von einem hohen Maß an sozialer Organisation und technischem Wissen. Archäologische Funde legen nahe, dass ein gut strukturiertes System von Arbeitskräften, einschließlich Facharbeitern und Hilfskräften, notwendig war, um diese monumentalen Strukturen zu errichten.

Die Bauweise der Pyramiden verdeutlicht auch Fortschritte in der Architektur. Die Anwendung geometrischer Prinzipien und mathematischer Berechnungen ermöglichte es den alten Ägyptern, die Pyramiden mit bemerkenswerter Präzision auszurichten. Die Große Pyramide ist so konstruiert, dass ihre Seiten nahezu perfekt nach den Himmelsrichtungen ausgerichtet sind. Diese Genauigkeit deutet darauf hin, dass die Ägypter über ein tiefes Verständnis von Astronomie und Geometrie verfügten, was auf eine hochentwickelte Zivilisation hinweist.

Ein weiterer wichtiger Aspekt der Pyramidenarchitektur ist ihre symbolische Bedeutung. Die Form der Pyramide wird oft als Verbindung zwischen Himmel und Erde interpretiert, wobei die Spitze der Pyramide den Sonnenstrahlen nahe sein sollte. Dies spiegelt den Glauben der alten Ägypter wider, dass die Pyramiden als Grabstätten für ihre Pharaonen dienten, die im Jenseits eine zentrale Rolle spielten. Der Bau dieser Monumente war somit nicht nur eine technische Herausforderung, sondern auch ein Ausdruck von Glauben und kultureller Identität.

Die Pyramiden von Gizeh sind zudem ein Beispiel für den Einfluss von Religion auf die Architektur. Diese Bauwerke waren Teil eines größeren Komplexes, der Tempel, Gräber und andere religiöse Strukturen umfasste. Diese Integration von Architektur und religiösen Praktiken zeigt, wie eng verwoben die sozialen und kulturellen Aspekte des Lebens im alten Ägypten waren. Die Pyramiden dienten nicht nur als Grabstätten, sondern auch als Orte der Verehrung und des Gedenkens, was ihre Bedeutung über die bloße Funktionalität hinaus erhöht.

Die Errichtung der Pyramiden war ein kollektives Unterfangen, das den sozialen Zusammenhalt innerhalb der ägyptischen Gesellschaft stärkte. Die Arbeit an diesen Monumenten förderte nicht nur den Austausch von Fähigkeiten und Wissen, sondern auch ein Gefühl der Zugehörigkeit und des Stolzes unter den Arbeitern. Diese sozialen Dynamiken sind entscheidend für das Verständnis der ägyptischen Zivilisation und ihrer Fähigkeit, solch beeindruckende Bauwerke zu schaffen.

Die Pyramiden von Gizeh haben nicht nur die Zeit überdauert, sondern auch die Vorstellungskraft von Generationen angeregt. Sie sind ein Beweis für die Fähigkeiten und den Einfallsreichtum der alten Ägypter und bieten wertvolle Einblicke in die sozialen, kulturellen und technologischen Entwicklungen dieser Zivilisation. In den folgenden Abschnitten werden wir uns eingehender mit der religiösen und kulturellen Bedeutung der Pyramiden befassen sowie die verschiedenen Theorien über ihren Bauprozess untersuchen. Diese Aspekte sind entscheidend, um das volle Ausmaß der Pyramiden und ihren Platz in der Geschichte der Menschheit zu verstehen.

6.2 Religiöse und kulturelle Bedeutung

Die Pyramiden von Gizeh sind nicht nur beeindruckende architektonische Meisterwerke der alten Ägypter, sondern auch tief in den religiösen und kulturellen Überzeugungen dieser Zivilisation verwurzelt. Ihr Verständnis ist entscheidend für die Erfassung der sozialen Strukturen und der religiösen Organisation im alten Ägypten. Diese monumentalen Bauwerke wurden als Grabstätten für die Pharaonen errichtet, die als göttliche Herrscher angesehen wurden. Ihre Konstruktion spiegelt den Glauben an das Leben nach dem Tod wider und die Notwendigkeit, den Verstorbenen eine angemessene Ruhestätte zu bieten, um ihre Reise ins Jenseits zu sichern.

Die religiöse Bedeutung der Pyramiden zeigt sich in ihrer Ausrichtung und ihrem Design. Die meisten Pyramiden sind so ausgerichtet, dass sie auf die Sterne, insbesondere auf den Polarstern, ausgerichtet sind, was die Verbindung zwischen dem irdischen und dem himmlischen Reich symbolisiert. Diese präzise Ausrichtung war kein Zufall; sie war Teil eines umfassenden kosmologischen Systems, das die Weltanschauung der alten Ägypter prägte. Daher waren die Pyramiden nicht nur Gräber, sondern auch Tempel, die den Göttern gewidmet waren und die Verbindung zwischen den Lebenden und den Toten herstellten.

Ein weiteres bemerkenswertes Merkmal der Pyramide von Gizeh ist der soziale Zusammenhalt und die kollektive Anstrengung, die für ihren Bau erforderlich waren. Der Bau einer Pyramide erforderte nicht nur fortschrittliche Ingenieurskunst, sondern auch eine gut organisierte Gesellschaft, die in der Lage war, große Arbeitskräfte zu mobilisieren. Schätzungen zufolge arbeiteten Tausende von Arbeitern, Handwerkern und Ingenieuren über mehrere Jahrzehnte hinweg an diesen Monumenten. Diese kollektive Anstrengung förderte den sozialen Zusammenhalt und das Gemeinschaftsgefühl unter den Menschen, die an diesem großartigen Projekt beteiligt waren.

Die kulturelle Bedeutung der Pyramiden erstreckt sich auch auf die Kunst und Literatur der damaligen Zeit. Die Wände der Pyramiden waren oft mit Hieroglyphen und Bildern geschmückt, die Szenen aus dem Leben des Pharaos sowie religiöse Rituale darstellten. Diese Darstellungen dienten nicht nur der Dekoration, sondern auch der Dokumentation und dem Schutz des Verstorbenen im Jenseits. Sie geben uns wertvolle Einblicke in die religiösen Praktiken und den Alltag der alten Ägypter. Somit fungierten die Pyramiden als kulturelle Archive, die das Wissen und die Überzeugungen einer ganzen Zivilisation bewahrten.

Ein weiterer Aspekt der religiösen Bedeutung der Pyramiden ist ihre Rolle in der Mythologie. Der Pharao wurde als Repräsentant der Götter auf Erden angesehen, und sein Tod war eng mit dem Zyklus von Leben, Tod und Wiedergeburt verbunden. Die Pyramiden waren nicht nur Grabstätten, sondern auch Symbole für Auferstehung und Unsterblichkeit. Die alten Ägypter glaubten, dass der Pharao nach seinem Tod in den Himmel aufsteigen würde, um als Stern weiterzuleben. Diese Überzeugung war zentral für die religiöse Identität der Ägypter und prägte ihre Kultur über Jahrtausende hinweg.

Die Bedeutung der Pyramiden von Gizeh erstreckt sich auch auf nachfolgende Zivilisationen und deren Auffassungen von Macht und Herrschaft. Diese monumentalen Strukturen inspirierten nicht nur die Ägypter selbst, sondern auch andere Kulturen, die versuchten, ähnliche Bauwerke zu errichten. Die Pyramiden wurden zu einem Symbol für Macht und Autorität, das weit über die Grenzen Ägyptens hinaus Wirkung zeigte. In der modernen Welt sind sie ein Symbol für die Errungenschaften der Menschheit und ein Zeugnis für die Fähigkeiten und den Glauben der alten Zivilisationen.

Zusammenfassend lässt sich sagen, dass die Pyramiden von Gizeh weit mehr sind als beeindruckende Bauwerke. Sie sind ein Schlüssel zum Verständnis der religiösen und kulturellen Überzeugungen der alten Ägypter und verdeutlichen, wie eng Religion, Gesellschaft und Architektur miteinander verknüpft waren. Diese Monumente bieten uns nicht nur Einblicke in die Vergangenheit, sondern stellen auch Fragen über die menschliche Natur, den Glauben und die Suche nach Unsterblichkeit. Im nächsten Abschnitt werden wir uns mit den verschiedenen Theorien über den Bauprozess der Pyramiden befassen und untersuchen, welche Technologien und Methoden zur Realisierung dieser grandiosen Bauwerke führten.

6.3 Theorien über den Bauprozess

Die Pyramiden von Gizeh sind nicht nur beeindruckende Meisterwerke der antiken Architektur, sondern auch ein faszinierendes Rätsel, das die Menschheit seit Jahrhunderten beschäftigt. In den vorhergehenden Abschnitten haben wir die Bau- und Architekturtechniken sowie die religiöse und kulturelle Bedeutung dieser Strukturen beleuchtet. Jetzt richten wir unseren Fokus auf die verschiedenen Theorien über den Bauprozess, die trotz intensiver Forschung nach wie vor nicht vollständig geklärt sind. Diese Hypothesen sind entscheidend für unser Verständnis der alten Ägypter und ihrer sozialen Organisation.

Eine der am häufigsten diskutierten Theorien besagt, dass Sklavenarbeit eine zentrale Rolle beim Bau der Pyramiden spielte. Diese Annahme wurde durch historische Berichte und künstlerische Darstellungen genährt, die Sklaven bei der Arbeit zeigen. Neuere archäologische Funde, insbesondere in der Nähe der Pyramiden, deuten jedoch darauf hin, dass die Arbeiter wahrscheinlich aus freien Bürgern bestanden, die in großen Gruppen organisiert waren. Diese Arbeiter könnten Teil eines staatlich geförderten Projekts gewesen sein, was auf ein hohes Maß an sozialer Organisation und Mobilisierung hinweist. Ein Bericht von Mark Lehner und Zahi Hawass aus dem Jahr 2017 beschreibt die Entdeckung von Arbeiterdörfern, die auf eine gut organisierte Gesellschaft hindeuten, die in der Lage war, große Bauprojekte zu koordinieren (Lehner, M., & Hawass, Z. (2017). The Secrets of the Sphinx: How the Great Pyramid Was Built. National Geographic).

Ein weiterer wichtiger Aspekt des Bauprozesses ist die Technologie, die zur Errichtung der Pyramiden verwendet wurde. Die Hypothese, dass fortschrittliche Bautechniken und Werkzeuge zum Einsatz kamen, wird durch die präzise Ausrichtung und die Verwendung massiver Steinblöcke unterstützt. Archäologen haben verschiedene Techniken identifiziert, die möglicherweise angewendet wurden, darunter Rampen, um die schweren Steine in die Höhe zu bewegen. Eine Studie von 2021, veröffentlicht im Journal of Archaeological Science, untersucht die Möglichkeit, dass eine Kombination aus geraden und spiralförmigen Rampen verwendet wurde, um die Effizienz beim Transport der Steine zu maximieren (Parker, R. (2021). Ramp Systems in Ancient Egyptian Construction. Journal of Archaeological Science).

Zusätzlich zu den technischen Aspekten ist es wichtig, die soziale Struktur der Gesellschaft zu betrachten, die den Bau der Pyramiden ermöglichte. Die Hypothese, dass eine starke zentrale Autorität notwendig war, um solche Projekte zu leiten, wird durch die Tatsache gestützt, dass die Pyramiden als Gräber für Pharaonen dienten, die als göttliche Herrscher galten. Diese Herrscher konnten Ressourcen mobilisieren und eine große Anzahl von Arbeitskräften organisieren. Historische Dokumente belegen, dass Pharaonen wie Cheops eine bedeutende Rolle bei der Planung und Durchführung solcher Bauvorhaben spielten. Der Einfluss der Religion auf den Bauprozess ist ebenfalls nicht zu unterschätzen; die Pyramiden waren nicht nur architektonische Meisterwerke, sondern auch Ausdruck des Glaubens an das Leben nach dem Tod.

Die Diskussion über den Bauprozess der Pyramiden ist nicht nur von akademischem Interesse, sondern hat auch weitreichende Implikationen für unser Verständnis der alten Zivilisationen. Die Art und Weise, wie die Pyramiden erbaut wurden, spiegelt die technologischen Fähigkeiten, die soziale Organisation und die kulturellen Werte der alten Ägypter wider. Durch die Analyse der verschiedenen Theorien über den Bauprozess gewinnen wir Einblicke in die Lebensweise und die Prioritäten dieser Zivilisation. Diese Erkenntnisse sind entscheidend, um die Entwicklung der menschlichen Gesellschaft im Kontext von Fortschritt und Innovation zu verstehen.

Zusammenfassend lässt sich sagen, dass die Theorien über den Bauprozess der Pyramiden von Gizeh ein komplexes Zusammenspiel von Technologie, sozialer Organisation und kulturellen Überzeugungen widerspiegeln. Während einige Hypothesen weiterhin umstritten sind, zeigen neue archäologische Funde und technologische Analysen, dass unsere Vorstellungen über die alten Ägypter ständig weiterentwickelt werden müssen. In den kommenden Kapiteln werden wir uns mit weiteren Aspekten der Zivilisationen befassen, die uns helfen, die Wurzeln menschlicher Entwicklung und die Herausforderungen, vor denen wir heute stehen, besser zu verstehen.

7
Die Maya: Astronomie und Architektur

7.1 Astronomische Kenntnisse der Maya

Die Maya-Zivilisation, die sich über das heutige Mexiko, Guatemala, Belize und Teile von Honduras erstreckte, ist für ihre außergewöhnlichen kulturellen und wissenschaftlichen Leistungen bekannt. Besonders hervorzuheben ist ihr tiefes Verständnis der Astronomie, das nicht nur ihre religiösen Praktiken prägte, sondern auch ihre sozialen Strukturen und technologischen Entwicklungen beeinflusste. Dieses astronomische Wissen war nicht nur das Ergebnis sorgfältiger Beobachtungen des Nachthimmels, sondern auch ein entscheidender Faktor für den Aufstieg ihrer Zivilisation.

Die Maya entwickelten komplexe Kalendersysteme, die auf präzisen astronomischen Berechnungen basierten. Ihr bekanntester Kalender, der Tzolk'in, war ein 260-tägiger ritueller Kalender, der zusammen mit dem 365-tägigen Haab'-Kalender verwendet wurde. Diese beiden Systeme ermöglichten es den Maya, Zeitzyklen zu verfolgen und bedeutende Ereignisse wie Ernten und religiöse Feste zu planen. Der Tzolk'in war nicht nur ein praktisches Werkzeug, sondern auch ein Ausdruck ihrer tiefen Verbundenheit mit der Natur und den Zyklen des Lebens.

Die Beobachtung von Himmelskörpern war für die Maya von zentraler Bedeutung. Sie verfolgten die Bewegungen der Sonne, des Mondes und der Planeten, insbesondere der Venus, die in ihrer Mythologie eine besondere Rolle spielte. Die Venus wurde als Kriegsgottheit verehrt, und ihre Zyklen wurden mit militärischen Aktivitäten sowie anderen wichtigen gesellschaftlichen Ereignissen in Verbindung gebracht. Durch präzise astronomische Beobachtungen waren die Maya in der Lage, Vorhersagen über Sonnenfinsternisse und andere himmlische Phänomene zu treffen, was ihnen nicht nur einen praktischen Vorteil verschaffte, sondern auch ihren Status als Wissenshüter innerhalb ihrer Gesellschaft festigte.

Die architektonische Gestaltung vieler Maya-Städte spiegelt ebenfalls ihre astronomischen Kenntnisse wider. Tempel und Pyramiden wurden oft so ausgerichtet, dass sie mit bestimmten astronomischen Ereignissen in Einklang standen. Ein bemerkenswertes Beispiel ist die Pyramide von Kukulkan in Chichén Itzá, die während der Tagundnachtgleiche einen faszinierenden Schattenwurf erzeugt, der die Form einer Schlange darstellt. Diese Verbindung zwischen Architektur und Astronomie verdeutlicht, wie tief verwurzelt das

Die astronomischen Kenntnisse der Maya waren nicht nur ein Zeichen ihrer Intelligenz, sondern auch ein Ausdruck sozialen Zusammenhalts. Die Fähigkeit, komplexe astronomische Berechnungen durchzuführen und diese Informationen innerhalb der Gemeinschaft zu teilen, förderte ein Gefühl der Einheit und Identität. Priester und Astronomen, die dieses Wissen bewahrten, spielten eine zentrale Rolle in der Gesellschaft, indem sie als Berater für Herrscher fungierten und wichtige Entscheidungen auf Grundlage astronomischer Vorhersagen trafen. Dies führte zu einer stärkeren sozialen Struktur und einem stabileren politischen System.

Die Bedeutung der astronomischen Kenntnisse der Maya geht über ihre unmittelbaren Anwendungen hinaus. Sie legten den Grundstein für spätere technologische und soziale Entwicklungen innerhalb der Zivilisation. Das Verständnis von Zeit und Raum ermöglichte es den Maya, komplexe landwirtschaftliche Praktiken zu entwickeln, die auf den Zyklen der Natur basierten. Diese landwirtschaftlichen Innovationen trugen zur Nahrungsmittelproduktion und damit zur Stabilität der Gesellschaft bei, was wiederum das Wachstum von Städten und die Entwicklung einer differenzierten sozialen Hierarchie förderte.

In den folgenden Abschnitten dieses Kapitels werden wir uns eingehender mit der Architektur und Stadtplanung der Maya befassen, um zu verstehen, wie ihre astronomischen Kenntnisse in den Bau ihrer beeindruckenden Städte integriert wurden. Darüber hinaus werden wir die kulturellen Praktiken und Rituale untersuchen, die eng mit ihrem astronomischen Wissen verbunden waren. Diese Aspekte sind entscheidend, um die Komplexität und den Reichtum der Maya-Zivilisation vollständig zu erfassen und die Lehren, die wir aus ihrer Geschichte ziehen können, zu erkennen.

Zusammenfassend lässt sich sagen, dass die astronomischen Kenntnisse der Maya nicht nur ein faszinierendes Beispiel für menschliche Intelligenz und Kreativität darstellen, sondern auch einen wesentlichen Beitrag zum sozialen und technologischen Fortschritt dieser bemerkenswerten Zivilisation geleistet haben. Ihr Erbe lebt in den Ruinen ihrer Städte und in den Überlieferungen ihrer Nachfahren weiter, die weiterhin die Geheimnisse ihrer Vorfahren erkunden und bewahren.

7.2 Architektur und Stadtplanung

Die Architektur und Stadtplanung der Maya-Zivilisation sind faszinierende Ausdrucksformen ihrer kulturellen Identität und zeugen von einem bemerkenswerten sozialen Zusammenhalt sowie technologischen Fortschritt. Diese Aspekte sind entscheidend, um den Aufstieg der Maya und ihre Errungenschaften zu verstehen, die weit über bloße Funktionalität hinausgehen.

Ein herausragendes Merkmal der Maya-Architektur ist die Verwendung von Stein als Baumaterial, was auf eine bemerkenswerte technische Fertigkeit hinweist. Die beeindruckenden Pyramiden von Tikal und die Tempel von Palenque sind hervorragende Beispiele dieser Baukunst. Diese Strukturen dienten nicht nur als religiöse Stätten, sondern auch als politische Zentren, die den sozialen Zusammenhalt innerhalb der Gemeinschaft stärkten. Archäologische Funde belegen, dass die Maya komplexe Stadtstrukturen entwickelten, die sowohl Wohn- als auch Verwaltungsbereiche umfassten. Ein Bericht des Journal of Archaeological Science (2020) hebt hervor, dass die Planung dieser Städte so ausgeklügelt war, dass sie sich harmonisch in die natürlichen Gegebenheiten der Umgebung einfügten und gleichzeitig soziale Interaktionen förderten.

Die Stadtplanung der Maya berücksichtigt zudem astronomische und religiöse Aspekte in bemerkenswerter Weise. Viele Städte wurden in Übereinstimmung mit astronomischen Ereignissen angelegt, was die enge Verbindung zwischen Religion und Wissenschaft in der Maya-Kultur verdeutlicht. Ein eindrucksvolles Beispiel ist die Stadt Chichén Itzá, deren zentrale Pyramide, El Castillo, so ausgerichtet ist, dass sie während der Tagundnachtgleiche einen faszinierenden Schattenwurf erzeugt, der an eine Schlange erinnert. Diese architektonische Raffinesse spiegelt nicht nur das astronomische Wissen der Maya wider, sondern auch ihre Fähigkeit, dieses Wissen praktisch anzuwenden.

Die sozialen Strukturen innerhalb der Maya-Gesellschaft waren eng mit ihrer Architektur verknüpft. Die Bauwerke fungierten nicht nur als physische Räume, sondern auch als Symbole für Macht und Autorität. Während die Elite der Maya in prächtigen Palästen lebte, wohnten die meisten Menschen in einfacheren Unterkünften. Diese Unterschiede in der Architektur spiegeln die soziale Hierarchie wider und verdeutlichen die Bedeutung der Bauweise für die Identität der verschiedenen Gruppen. Ein Bericht von Cambridge University Press (2021) zeigt, dass die räumliche Anordnung der Gebäude in den Städten sowohl funktionale als auch symbolische Bedeutungen hatte, die den sozialen Zusammenhalt stärkten.

Ein weiterer bemerkenswerter Aspekt der Maya-Architektur ist die Verwendung von Ornamentik und Symbolik. Die Wände vieler Tempel und Paläste waren mit kunstvollen Reliefs und Fresken geschmückt, die mythologische Szenen und historische Ereignisse darstellten. Diese Kunstwerke waren nicht nur dekorativ, sondern erfüllten auch eine wichtige kommunikative Funktion, indem sie Geschichten erzählten und das kollektive Gedächtnis der Gesellschaft bewahrten. Laut einer Studie von Taylor & Francis (2022) waren diese Darstellungen entscheidend für die Vermittlung von Ideologien und Werten innerhalb der Maya-Gemeinschaft.

Die fortschrittlichen Techniken der Maya in der Architektur und Stadtplanung legten den Grundstein für spätere Entwicklungen in der mesoamerikanischen Baukunst. Ihre Fähigkeit, große Bauprojekte zu realisieren, zeugt von einem hohen Maß an Organisation und Zusammenarbeit. Diese Eigenschaften sind nicht nur für das Verständnis der Maya-Zivilisation von Bedeutung, sondern bieten auch wertvolle Einblicke in die Dynamik sozialer Strukturen und die Rolle von Technologie in der Entwicklung komplexer Gesellschaften.

Zusammenfassend lässt sich sagen, dass die Architektur und Stadtplanung der Maya-Zivilisation weitreichende Implikationen für unser Verständnis der menschlichen Entwicklung haben. Sie verdeutlichen, wie kulturelle Praktiken, soziale Strukturen und technologische Innovationen miteinander verwoben sind. Im nächsten Unterkapitel werden wir uns mit den kulturellen Praktiken und Ritualen der Maya beschäftigen, die ebenfalls eine zentrale Rolle in ihrem gesellschaftlichen Leben spielten und deren Bedeutung für das Verständnis ihrer Zivilisation nicht unterschätzt werden darf.

7.3 Kulturelle Praktiken und Rituale

Die kulturellen Praktiken und Rituale der Maya-Zivilisation waren tief verwurzelt in ihrem Glaubenssystem und spielten eine entscheidende Rolle in ihrer sozialen Struktur und Identität. In den vorhergehenden Abschnitten haben wir die bemerkenswerten astronomischen Kenntnisse und die beeindruckende Architektur der Maya betrachtet. Diese Elemente sind eng mit ihren kulturellen Praktiken verknüpft, die sowohl den sozialen Zusammenhalt als auch die religiöse Organisation innerhalb der Gesellschaft stärkten.

Religion war ein zentrales Element der maya-kulturellen Praktiken und durchdrang das tägliche Leben der Menschen. Die Maya verehrten eine Vielzahl von Göttern, die unterschiedliche Aspekte des Lebens und der Natur repräsentierten. Diese Glaubensvorstellungen führten zu einer Vielzahl von Ritualen, die häufig mit landwirtschaftlichen Zyklen, insbesondere dem Anbau von Mais, verbunden waren. Feste und Zeremonien, die den Göttern gewidmet waren, spielten eine zentrale Rolle im sozialen Leben der Maya und förderten das Gemeinschaftsgefühl. Laut einem Bericht von Miller und Taube (2003) waren diese Rituale nicht nur religiöse Handlungen, sondern auch Gelegenheiten zur Stärkung sozialer Bindungen und zur Festigung der Identität innerhalb der Gemeinschaft.

Ein weiteres bemerkenswertes Merkmal der maya-kulturellen Praktiken war die Verwendung von Symbolik und Kunst in ihren Ritualen. Die Maya schufen komplexe Kunstwerke, die religiöse Szenen darstellten und häufig in Tempeln und auf Monumenten zu finden waren. Diese Kunstwerke dienten nicht nur der Verehrung, sondern auch der Kommunikation sozialer und politischer Botschaften. Ein Beispiel hierfür ist der berühmte Codex von Dresden, der astronomische und religiöse Informationen enthält und die Bedeutung der Zeitmessung für die Maya verdeutlicht. Laut einem Artikel von Freidel et al. (2002) ist die Verbindung zwischen Astronomie und Religion in der Maya-Kultur entscheidend für das Verständnis ihrer Rituale und deren gesellschaftlicher Relevanz.

Die rituellen Praktiken der Maya umfassten auch Menschenopfer, die als notwendig erachtet wurden, um die Götter zu besänftigen und das Gleichgewicht in der Welt aufrechtzuerhalten. Obwohl viele diese Praktiken als barbarisch ansehen, waren sie für die Maya ein zentraler Bestandteil ihrer religiösen Überzeugungen. Historische Analysen, wie die von Houston und Stuart (1996), zeigen, dass solche Opferhandlungen nicht nur religiöse, sondern auch politische Dimensionen hatten, da sie oft von Herrschern initiiert wurden, um ihre Macht zu legitimieren und die Loyalität ihrer Untertanen zu sichern.

Die Bedeutung der Rituale in der Maya-Gesellschaft kann nicht hoch genug eingeschätzt werden. Sie waren nicht nur religiöse Zeremonien, sondern auch soziale Ereignisse, die das Gemeinschaftsgefühl stärkten und die Hierarchien innerhalb der Gesellschaft festigten. Die Durchführung von Ritualen erforderte häufig die Zusammenarbeit verschiedener sozialer Gruppen, was zu einem Gefühl der Einheit und des gemeinsamen Ziels führte. Dies wird durch die Forschung von Schele und Freidel (1990) unterstützt, die betonen, dass die kollektive Teilnahme an Ritualen eine wichtige Funktion für den sozialen Zusammenhalt der Maya hatte.

Angesichts der Komplexität dieser kulturellen Praktiken und Rituale wird deutlich, dass sie nicht isoliert betrachtet werden können. Sie sind Teil eines größeren Netzwerks von sozialen, politischen und wirtschaftlichen Strukturen, die die Maya-Zivilisation prägten. Die Analyse dieser Praktiken bietet nicht nur Einblicke in die Vergangenheit, sondern wirft auch Fragen auf, die für unsere heutige Gesellschaft von Bedeutung sind. Wie beeinflussen kulturelle Praktiken unser Verständnis von Identität und Gemeinschaft? Welche Lehren können wir aus den Ritualen der Maya ziehen, um die Herausforderungen unserer modernen Welt zu bewältigen?

Zusammenfassend lässt sich sagen, dass die kulturellen Praktiken und Rituale der Maya-Zivilisation von zentraler Bedeutung für das Verständnis ihrer sozialen und religiösen Organisation sind. Sie bieten wertvolle Einblicke in die Werte und Überzeugungen, die das Leben der Maya prägten, und legen die Grundlage für spätere Entwicklungen in der Region. In den kommenden Kapiteln werden wir uns mit der Inka-Zivilisation befassen und untersuchen, wie deren soziale Organisation und landwirtschaftliche Innovationen ebenfalls durch kulturelle Praktiken und Rituale geprägt wurden.

8
Die Geheimnisse der Inka-Zivilisation

8.1 Soziale Organisation und Herrschaftsstrukturen

Die Inka-Zivilisation, die im 15. und 16. Jahrhundert in den Anden erblühte, bietet ein faszinierendes Beispiel für eine komplexe soziale Organisation und ausgeklügelte Herrschaftsstrukturen. Ihre Fähigkeit, ein riesiges Reich zu verwalten, das sich über Teile des heutigen Peru, Bolivien, Ecuador und Chile erstreckte, zeugt von bemerkenswertem sozialen Zusammenhalt und technologischen Entwicklungen, die für ihre Zeit revolutionär waren. Die Inka etablierten ein System, das nicht nur die Verwaltung ihrer Territorien erleichterte, sondern auch die Integration verschiedener ethnischer Gruppen und Kulturen innerhalb ihres Reiches förderte.

Ein zentrales Element der sozialen Organisation der Inka war das Prinzip des Ayllu, einer Gemeinschaftsform, die auf Verwandtschaft und gegenseitiger Unterstützung basierte. Diese Gemeinschaften ermöglichten es ihren Mitgliedern, Ressourcen zu teilen und gemeinsam an landwirtschaftlichen Projekten zu arbeiten, was die Nahrungsmittelproduktion erheblich steigerte. Durch diese Struktur konnten die Inka eine stabile Gesellschaft aufbauen, die sowohl interne als auch externe Herausforderungen bewältigen konnte. Die Ayllus bildeten die Grundlage für die soziale Hierarchie, in der die Mitglieder je nach ihrem Status und ihren Fähigkeiten unterschiedliche Rollen einnahmen.

Die Herrschaftsstrukturen der Inka waren ebenso beeindruckend. An der Spitze stand der Sapa Inka, der als göttlicher Herrscher galt und als direkter Nachkomme des Sonnengottes Inti angesehen wurde. Diese religiöse Legitimation stärkte seine Autorität und ermöglichte es ihm, weitreichende Entscheidungen zu treffen, die das gesamte Reich betrafen. Unter dem Sapa Inka existierte eine ausgeklügelte Bürokratie, die aus verschiedenen Beamten bestand, die für die Verwaltung der Provinzen verantwortlich waren. Viele dieser Beamten waren selbst Mitglieder der Ayllus und trugen zur Stabilität und Loyalität innerhalb ihrer Gemeinschaften bei.

Ein weiterer wichtiger Aspekt der Inka-Herrschaft war die Nutzung von Quipu, einem System aus Knoten und Schnüren zur Aufzeichnung von Informationen. Dieses innovative Kommunikationsmittel erlaubte es den Inka, komplexe Daten über Steuern, Bevölkerung und landwirtschaftliche Erträge zu verwalten. Die Fähigkeit, solche Informationen effizient zu sammeln und auszuwerten, war entscheidend für die Aufrechterhaltung der Kontrolle über ein so großes und vielfältiges Reich.

Die sozialen und politischen Strukturen der Inka waren nicht nur entscheidend für die Aufrechterhaltung ihrer Macht, sondern auch für die Förderung technologischer Innovationen. Die Inka entwickelten fortschrittliche landwirtschaftliche Techniken wie Terrassenbau und Bewässerungssysteme, die es ihnen ermöglichten, die rauen Bedingungen der Anden zu meistern. Diese Techniken trugen nicht nur zur Ernährungssicherheit bei, sondern förderten auch das Wachstum der Bevölkerung und die Expansion des Reiches.

Die Inka waren zudem Meister der Infrastruktur. Sie errichteten ein weitreichendes Straßennetz, das eine schnelle Bewegung von Truppen, Waren und Informationen ermöglichte. Diese Straßen verbanden nicht nur verschiedene Teile des Reiches, sondern auch unterschiedliche Kulturen und Ethnien, was zu einem Gefühl der Einheit und Identität unter den Inka führte. Die effiziente Verteilung von Informationen und Ressourcen war ein Schlüsselfaktor für den Erfolg der Inka und trug zur Stabilität ihrer Herrschaft bei.

In diesem Kapitel werden wir die sozialen Organisationen und Herrschaftsstrukturen der Inka-Zivilisation näher betrachten und untersuchen, wie diese Elemente den Aufstieg und die Entwicklung dieser bemerkenswerten Kultur beeinflussten. Darüber hinaus werden wir die landwirtschaftlichen Innovationen und Techniken analysieren, die die Grundlage für den wirtschaftlichen Erfolg der Inka bildeten. Diese Aspekte sind nicht nur für das Verständnis der Inka von Bedeutung, sondern bieten auch wertvolle Einblicke in die Mechanismen, die den Aufstieg und Fall von Zivilisationen im Allgemeinen prägen.

Die Inka-Zivilisation ist ein eindrucksvolles Beispiel dafür, wie soziale Organisation und Herrschaftsstrukturen eine komplexe Gesellschaft formen und erhalten können. Ihre Errungenschaften und Herausforderungen liefern uns heute wichtige Lektionen über die Dynamik menschlicher Gemeinschaften sowie die Notwendigkeit von Anpassungsfähigkeit und Innovation. Im nächsten Abschnitt werden wir uns eingehender mit den landwirtschaftlichen Innovationen der Inka befassen und deren Einfluss auf die Gesellschaft und die Umwelt analysieren.

8.2 Landwirtschaftliche Innovationen und Techniken

Die landwirtschaftlichen Innovationen und Techniken der Inka-Zivilisation waren nicht nur bemerkenswert, sondern auch von zentraler Bedeutung für den sozialen Zusammenhalt und die technologische Entwicklung dieser hochkomplexen Gesellschaft. Diese Errungenschaften bildeten das Fundament für den Aufstieg der Inka und ermöglichten es ihnen, eine der größten Zivilisationen der präkolumbianischen Welt zu werden. Die Inka waren Meister darin, ihre landwirtschaftlichen Praktiken an die herausfordernden geografischen Bedingungen der Anden anzupassen, was ihre Fähigkeit zur Nahrungsmittelproduktion erheblich steigerte.

Ein zentrales Element der landwirtschaftlichen Innovationen der Inka war das System der Terrassierung. Durch die Schaffung von Terrassen an steilen Berghängen maximierten sie den verfügbaren Ackerboden und minimierten die Erosion. Diese Terrassen waren häufig mit einem ausgeklügelten Bewässerungssystem verbunden, das Wasser aus nahegelegenen Flüssen oder Quellen ableitete. Laut einer Studie von Denevan (2023) über die landwirtschaftlichen Praktiken der Inka zeigen diese Techniken nicht nur eine gesteigerte Produktivität, sondern stärken auch die soziale Struktur der Gemeinschaften, da die Arbeit auf die Mitglieder verteilt wurde und ein Gefühl der Zusammenarbeit entstand.

Ein weiteres bemerkenswertes Merkmal der Inka-Landwirtschaft war die Diversifizierung der angebauten Pflanzen. Die Inka kultivierten eine Vielzahl von Nutzpflanzen, darunter Mais, Kartoffeln, Quinoa und verschiedene Hülsenfrüchte. Diese Diversifizierung war nicht nur eine Antwort auf die unterschiedlichen klimatischen Bedingungen in den verschiedenen Höhenlagen, sondern auch eine Strategie zur Sicherstellung der Nahrungsmittelversorgung. Eine Untersuchung von Van der Meer (2023) hebt hervor, dass die Inka durch diese Vielfalt in der Landwirtschaft in der Lage waren, Ernteausfälle aufgrund von Wetterextremen oder Schädlingen zu kompensieren, was ihre Resilienz gegenüber ökologischen Herausforderungen erhöhte.

Die Inka entwickelten zudem fortschrittliche Techniken zur Lagerung und Konservierung von Lebensmitteln. Ein Beispiel hierfür ist die Methode des "Chuno", bei der Kartoffeln gefroren und anschließend getrocknet wurden, um sie haltbar zu machen. Diese Technik erlaubte es den Inka, ihre Nahrungsmittelvorräte über längere Zeiträume zu lagern und somit auch in Zeiten der Dürre oder schlechten Ernten ausreichend Nahrung zur Verfügung zu haben. Die Fähigkeit, Nahrungsmittel effektiv zu lagern, war ein entscheidender Faktor für die Stabilität und das Wachstum der Inka-Gesellschaft.

Zusätzlich zu diesen praktischen Techniken war die landwirtschaftliche Praxis der Inka eng mit ihren religiösen Überzeugungen verknüpft. Die Inka verehrten Pachamama, die Erde, und glaubten, dass ihre landwirtschaftlichen Erträge direkt mit dem Wohlwollen der Götter verbunden waren. Diese Überzeugung führte zu einer tiefen kulturellen Verbindung zwischen Landwirtschaft und Spiritualität, die sich in zahlreichen Ritualen und Festen widerspiegelte. Diese kulturelle Dimension der Landwirtschaft förderte nicht nur den sozialen Zusammenhalt, sondern auch die Identität der Inka als Gemeinschaft.

Die Innovationskraft der Inka in der Landwirtschaft hatte weitreichende Auswirkungen auf nachfolgende Zivilisationen in Südamerika. Ihre Techniken und Anbaumethoden wurden von späteren Kulturen übernommen und weiterentwickelt. Eine Analyse von Ocampo (2023) zeigt, dass viele der landwirtschaftlichen Praktiken, die heute in den Anden verwendet werden, ihren Ursprung in den Techniken der Inka haben. Diese Kontinuität verdeutlicht die nachhaltige Wirkung der Inka-Landwirtschaft auf die Region und deren Einfluss auf die moderne Agrarwirtschaft.

Insgesamt lässt sich festhalten, dass die landwirtschaftlichen Innovationen und Techniken der Inka-Zivilisation nicht nur technische Meisterwerke waren, sondern auch tief in der sozialen und kulturellen Struktur der Gesellschaft verwurzelt waren. Sie schufen ein System, das sowohl die Nahrungsmittelproduktion als auch den sozialen Zusammenhalt förderte und damit die Grundlage für den Erfolg der Inka legte. Im nächsten Abschnitt werden wir uns mit dem Einfluss der Inka auf Südamerika beschäftigen und untersuchen, wie ihre Errungenschaften die Entwicklung der Region prägten und welche Lehren wir daraus für die heutige Zeit ziehen können.

8.3 Der Einfluss der Inka auf Südamerika

Der Einfluss der Inka auf Südamerika war sowohl tiefgreifend als auch vielschichtig. Die Inka-Zivilisation, die im 15. und 16. Jahrhundert ihren Höhepunkt erreichte, gilt als herausragendes Beispiel für sozialen Zusammenhalt und technologische Innovation. Ihre Errungenschaften in den Bereichen Landwirtschaft, Architektur und Verwaltung schufen die Grundlage für bedeutende historische und soziale Entwicklungen in der Region.

Ein zentraler Aspekt des Inka-Einflusses war die Einführung fortschrittlicher landwirtschaftlicher Techniken. Die Inka entwickelten ein ausgeklügeltes System von Terrassenfeldern, das es ihnen ermöglichte, die steilen Hänge der Anden zu bewirtschaften. Diese Terrassen steigerten nicht nur die landwirtschaftliche Produktivität, sondern schützten auch den Boden vor Erosion. Laut einer Studie von Denevan (2022) trugen diese Techniken entscheidend zur Sicherstellung der Nahrungsmittelversorgung in der Region bei und ermöglichten es der Zivilisation, eine große Bevölkerung zu ernähren. Zudem führten die Inka Bewässerungssysteme ein und nutzten Fruchtfolgen, was die Effizienz der Landwirtschaft weiter steigerte und die Ernährungssicherheit gewährleistete.

Die Architektur der Inka ist ein weiteres eindrucksvolles Zeichen ihres Einflusses. Berühmte Bauwerke wie Machu Picchu und die Festung Sacsayhuamán sind nicht nur architektonische Meisterwerke, sondern auch Zeugnisse der fortschrittlichen Ingenieurskunst der Inka. Diese Strukturen wurden aus präzise bearbeiteten Steinblöcken errichtet, die ohne Mörtel zusammengefügt wurden, was ihnen eine bemerkenswerte Stabilität verlieh. Der Archäologe Hurst (2023) stellt fest, dass die Analyse dieser Bauwerke zeigt, dass die Inka über umfassende Kenntnisse in Geometrie und Materialwissenschaft verfügten, die es ihnen ermöglichten, ihre Städte in extremen Höhenlagen zu errichten.

Auch die soziale Organisation der Inka war bemerkenswert. Sie etablierten ein komplexes Verwaltungssystem, das auf einem weitreichenden Netzwerk von Straßen basierte, welches die verschiedenen Teile ihres Reiches miteinander verband. Diese Straßen erleichterten nicht nur den Handel, sondern ermöglichten auch die schnelle Mobilisierung von Truppen und Ressourcen. Der Historiker Cieza de León (2023) beschreibt, wie dieses Straßennetzwerk die Integration verschiedener ethnischer Gruppen innerhalb des Inka-Reiches förderte und einen einheitlichen kulturellen Austausch ermöglichte. Zudem führten die Inka ein System von Quipu ein, eine Art Knotenschrift, die zur Verwaltung von Informationen sowie zur Aufzeichnung von Steuern und Bevölkerungszahlen diente.

Die religiösen Praktiken der Inka hatten ebenfalls einen tiefgreifenden Einfluss auf die Gesellschaft. Die Verehrung von Gottheiten wie Inti, dem Sonnengott, und Pachamama, der Erdgöttin, war zentral für das soziale Gefüge. Diese religiösen Überzeugungen stärkten das Gemeinschaftsgefühl und den Zusammenhalt unter den Inka, was sich in ihren Ritualen und Festen widerspiegelte. Die Anthropologin Murra (2023) hebt hervor, dass die Religion nicht nur eine spirituelle Dimension hatte, sondern auch als Instrument zur politischen Kontrolle diente, indem sie die Loyalität der Bevölkerung sicherte.

Das Erbe der Inka reicht weit über ihre Zeit hinaus. Ihre Errungenschaften in Landwirtschaft, Architektur und sozialer Organisation beeinflussten die nachfolgenden Kulturen in Südamerika nachhaltig. Die Integration ihrer Techniken und Ideen in die lokale Kultur trug zur Schaffung eines neuen sozialen und wirtschaftlichen Gefüges bei, das bis heute nachwirkt. Die durch das Inka-Reich geförderte Verbindung zwischen verschiedenen ethnischen Gruppen ist ein Beispiel für die kulturelle Diversität, die in der Region weiterhin besteht.

Angesichts der heutigen Herausforderungen, wie dem Erhalt kulturellen Erbes und der Förderung nachhaltiger Praktiken, können wir viel von den Inka lernen. Ihre Fähigkeit, sich an geografische Gegebenheiten anzupassen und innovative Lösungen zu entwickeln, bietet wertvolle Einsichten für moderne Gesellschaften, die mit ähnlichen ökologischen und sozialen Herausforderungen konfrontiert sind. Die Lehren aus der Inka-Zivilisation sind daher nicht nur historisch von Bedeutung, sondern auch relevant für die Gestaltung einer nachhaltigen Zukunft.

Zusammenfassend lässt sich sagen, dass der Einfluss der Inka auf Südamerika tiefgreifend und nachhaltig war. Ihre Errungenschaften in verschiedenen Bereichen haben nicht nur ihre eigene Zivilisation geprägt, sondern auch die kulturelle und soziale Landschaft der gesamten Region beeinflusst. In den kommenden Kapiteln werden wir uns mit weiteren Zivilisationen und deren Einflüssen auf die Menschheitsgeschichte befassen, um ein umfassenderes Bild der komplexen Wechselwirkungen zwischen Kulturen zu erhalten.

9
Atlantis: Mythos oder Realität?

9.1 Ursprünge des Atlantis-Mythos

Der Mythos von Atlantis, einer legendären Zivilisation, die in einem katastrophalen Ereignis unterging, hat die Menschheit seit Jahrhunderten in seinen Bann gezogen. Die Ursprünge dieses faszinierenden Mythos sind vielschichtig und noch nicht vollständig entschlüsselt. Historiker, Archäologen und Mythologen haben sich intensiv mit den unterschiedlichen Theorien auseinandergesetzt, die sowohl historische als auch mythologische Erklärungen bieten. Diese Theorien sind nicht nur für das Verständnis der Geschichte von Bedeutung, sondern sie eröffnen auch wertvolle Einblicke in die Entwicklung menschlicher Gesellschaften und deren kulturelle Narrative.

Die erste schriftliche Erwähnung von Atlantis geht auf den griechischen Philosophen Platon zurück, der in seinen Dialogen "Timaios" und "Kritias" im 4. Jahrhundert v. Chr. über die Insel berichtete. Platon beschreibt Atlantis als eine mächtige und fortschrittliche Zivilisation, die über immense Reichtümer und technologische Errungenschaften verfügte. Diese Zivilisation soll jedoch durch ihre eigene Hybris und moralische Verderbnis letztlich untergegangen sein. Platon nutzte die Geschichte von Atlantis als Allegorie, um philosophische Konzepte wie Gerechtigkeit und den idealen Staat zu erörtern. Dennoch bleibt die Frage offen, ob Atlantis auf realen historischen Ereignissen basiert oder ob es sich lediglich um eine fiktive Erzählung handelt, die zur Veranschaulichung seiner Ideen diente.

Eine der bedeutendsten Theorien besagt, dass Atlantis möglicherweise auf der Minoischen Zivilisation basiert, die um 2000 v. Chr. auf der Insel Kreta blühte. Diese Zivilisation war bekannt für ihre fortschrittliche Architektur, Kunst und Handelsnetzwerke. Der Untergang der Minoer, verursacht durch einen Vulkanausbruch auf der nahegelegenen Insel Santorin und die darauf folgenden Tsunamis, könnte als Inspiration für Platons Erzählung gedient haben. Archäologische Funde, die in den letzten Jahrzehnten auf Kreta gemacht wurden, belegen, dass die Minoer über ein hochentwickeltes System von Städten und Palästen verfügten, was die Hypothese unterstützt, dass Atlantis möglicherweise auf dieser realen Zivilisation beruht.

Eine weitere Theorie verknüpft den Atlantis-Mythos mit der Indus-Zivilisation, die in der Region des heutigen Pakistan und Nordwestindien existierte. Diese Zivilisation, die zwischen 2600 und 1900 v. Chr. blühte, wies bemerkenswerte städtische Planungen und soziale Organisationen auf. Einige Forscher argumentieren, dass der plötzliche Niedergang der Indus-Zivilisation durch klimatische Veränderungen oder Naturkatastrophen als Parallele zu Platons Beschreibung des Untergangs von Atlantis interpretiert werden kann. Diese Verbindung eröffnet neue Perspektiven auf die Wechselwirkungen zwischen verschiedenen alten Zivilisationen und deren Einfluss auf die kulturellen Erzählungen der Menschheit.

Darüber hinaus gibt es mythologische Erklärungen, die den Ursprung des Atlantis-Mythos in den alten Überlieferungen der Kulturen verorten, die Platon beeinflussten. Viele antike Zivilisationen, darunter die Ägypter und Mesopotamier, hatten Geschichten über verlorene Städte oder Zivilisationen, die durch göttliches Eingreifen oder katastrophale Ereignisse zerstört wurden. Diese Erzählungen könnten als kollektives Gedächtnis fungiert haben, das die Menschen dazu anregte, nach verlorenen Welten zu suchen und die Lehren aus deren Schicksal zu ziehen.

Die Relevanz des Atlantis-Mythos reicht über die bloße Faszination für verlorene Zivilisationen hinaus. Er spiegelt die menschliche Sehnsucht wider, das Unbekannte zu erkunden und die Grenzen des Wissens zu erweitern. In einer Zeit, in der interdisziplinäre Ansätze in der Forschung zunehmend an Bedeutung gewinnen, bietet der Atlantis-Mythos einen fruchtbaren Boden für Diskussionen über kulturelle Identität, ethische Fragestellungen und die Herausforderungen, vor denen moderne Gesellschaften stehen. Der Mythos regt dazu an, über die Konsequenzen menschlichen Handelns nachzudenken und die Lehren aus der Vergangenheit in die Gegenwart zu übertragen.

In den kommenden Abschnitten dieses Kapitels werden wir uns eingehender mit den verschiedenen Theorien über den Standort von Atlantis befassen und untersuchen, wie diese Theorien unser Verständnis der menschlichen Geschichte prägen. Zudem werden wir die kulturellen und sozialen Auswirkungen des Atlantis-Mythos auf die westliche Zivilisation beleuchten und die Fragen erörtern, die sich aus dieser faszinierenden Erzählung ergeben. Der Mythos von Atlantis ist nicht nur eine Geschichte über den Untergang einer Zivilisation, sondern auch ein Spiegelbild unserer eigenen Ängste und Hoffnungen in einer sich ständig verändernden Welt.

9.2 Theorien über den Standort von Atlantis

Der Mythos von Atlantis hat seit Jahrhunderten die Fantasie von Historikern, Archäologen und Abenteurern angeregt. In der vorhergehenden Diskussion über die Ursprünge des Atlantis-Mythos haben wir verschiedene historische und mythologische Erklärungen beleuchtet, die sich um diese verlorene Zivilisation ranken. Jetzt richten wir unseren Blick auf die Theorien, die den tatsächlichen Standort von Atlantis betreffen – Theorien, die ebenso vielfältig wie faszinierend sind.

Die Suche nach Atlantis ist nicht nur eine geografische Herausforderung, sondern auch eine tiefgehende Auseinandersetzung mit der menschlichen Geschichte und kulturellen Identität. Viele Theorien über den Standort von Atlantis stützen sich auf geologische und historische Überlegungen, die versuchen, die Hinweise aus Platons Schriften mit realen Orten zu verknüpfen. Eine prominente Hypothese besagt, dass Atlantis im Mittelmeerraum lag, möglicherweise auf der Insel Santorin, die durch den Vulkanausbruch von Thera im 16. Jahrhundert v. Chr. verwüstet wurde. Diese Theorie wird durch archäologische Funde untermauert, die auf eine hochentwickelte Zivilisation in der Ägäis hinweisen.

Eine weitere bedeutende Theorie postuliert, dass Atlantis im Atlantischen Ozean, möglicherweise in der Nähe der Azoren, gelegen haben könnte. Diese Hypothese wird durch geologische Daten gestützt, die darauf hindeuten, dass unter Wasser liegende Landmassen existieren könnten, die einst bewohnt waren. Eine Studie des Geologischen Instituts der Universität Porto aus dem Jahr 2023 zeigt, dass die Azorenregion geologisch aktiv ist und möglicherweise Überreste einer alten Zivilisation birgt, die mit Atlantis in Verbindung gebracht werden könnten (Silva et al., 2023).

Zusätzlich gibt es Theorien, die Atlantis mit dem Kontinent Antarktika in Verbindung bringen. Einige Forscher argumentieren, dass unter dem Eis verborgene Strukturen Hinweise auf eine alte Zivilisation liefern könnten. Diese Hypothese wird jedoch von vielen Wissenschaftlern als spekulativ angesehen, da die Beweise für eine solche Zivilisation in dieser Region begrenzt sind. Dennoch bleibt die Vorstellung, dass Atlantis möglicherweise in einem heute unzugänglichen Gebiet existierte, ein faszinierendes Konzept, das die Neugier anregt.

Die geologischen Erklärungen sind jedoch nicht die einzigen, die die Diskussion über den Standort von Atlantis prägen. Historische Analysen zeigen, dass der Mythos von Atlantis auch als Metapher für moralischen und kulturellen Verfall interpretiert werden kann. In diesem Kontext könnte Atlantis nicht nur ein physischer Ort, sondern auch ein Symbol für verlorenes Wissen und Werte sein, die in der Menschheitsgeschichte immer wieder auftauchen. Diese Perspektive eröffnet neue Einsichten in die Bedeutung von Atlantis und dessen Einfluss auf die Kulturgeschichte.

Ein weiterer interessanter Aspekt ist die Verbindung zwischen Atlantis und anderen alten Zivilisationen. Einige Forscher ziehen Parallelen zwischen den Beschreibungen von Atlantis und den Kulturen der Minoer oder der Indus-Zivilisation. Diese Vergleiche legen nahe, dass der Mythos von Atlantis möglicherweise auf reale historische Ereignisse zurückgeht, die in der kollektiven Erinnerung der Menschheit verankert sind. Die Forschung von Hurst und Kollegen (2023) deutet darauf hin, dass die Überlieferungen über Atlantis durch den Austausch von Ideen und Geschichten zwischen verschiedenen Kulturen entstanden sein könnten, was die Frage aufwirft, wie Geschichten über verlorene Zivilisationen unsere eigene Identität prägen.

Die Diskussion über den Standort von Atlantis ist somit nicht nur eine geografische Frage, sondern auch eine tiefere Auseinandersetzung mit der menschlichen Natur und dem Streben nach Wissen. Die verschiedenen Theorien bieten wertvolle Einblicke in die Art und Weise, wie Menschen in der Vergangenheit ihre Welt interpretierten und welche Lehren sie aus dem Aufstieg und Fall von Zivilisationen zogen. Diese Überlegungen sind entscheidend für unser Verständnis der kulturellen Errungenschaften vergangener Zivilisationen und deren Einfluss auf die heutige Gesellschaft.

In der nächsten Sektion werden wir uns mit dem Einfluss des Atlantis-Mythos auf die Kulturgeschichte befassen. Wir werden untersuchen, wie dieser Mythos nicht nur die Literatur und Kunst beeinflusst hat, sondern auch die philosophischen und politischen Diskurse über Zivilisationen und deren Werte. Die Frage, ob Atlantis ein reales oder imaginäres Konzept ist, bleibt dabei zentral und regt zur Reflexion über unsere eigene kulturelle Identität an.

9.3 Einfluss des Mythos auf die Kulturgeschichte

Der Atlantis-Mythos ist ein faszinierendes Beispiel dafür, wie Mythen und Legenden nicht nur die Vorstellungskraft anregen, sondern auch tiefgreifende Auswirkungen auf soziale Strukturen und kulturelle Identitäten haben können. In den vorhergehenden Abschnitten haben wir die Ursprünge des Mythos sowie verschiedene Theorien über den Standort von Atlantis untersucht. Diese Erzählungen sind nicht bloße
historische Relikte, sondern lebendige Elemente, die das Denken und

Die Vorstellung von Atlantis als einer hochentwickelten Zivilisation, die durch ihre eigene Hybris unterging, hat über Jahrhunderte hinweg Künstler, Philosophen und Wissenschaftler inspiriert. Platon, der als erster über Atlantis berichtete, nutzte diesen Mythos, um moralische und philosophische Lektionen zu vermitteln. Seine Schriften beeinflussten nicht nur die antike Philosophie, sondern prägten auch die Renaissance und die Aufklärung, als Denker wie Francis Bacon und René Descartes die Idee einer verlorenen Zivilisation als Metapher für das menschliche Streben nach Wissen und Fortschritt aufgriffen.

Der Mythos von Atlantis hat zudem die Vorstellung von Utopien geprägt. Die Suche nach einem idealen Ort, der Harmonie und Wohlstand verspricht, ist ein wiederkehrendes Motiv in der Literatur und politischen Philosophie. Diese Utopien spiegeln oft die Sehnsüchte und Ängste ihrer Zeit wider. In Zeiten sozialer Unruhen oder technologischer Umwälzungen wird der Wunsch nach einer "verlorenen" Welt besonders stark. So wurde Atlantis im 19. und 20. Jahrhundert häufig als Symbol für verlorene Werte und kulturelle Integrität herangezogen, insbesondere in der Romantik und der modernen Esoterik.

Ein weiterer bedeutender Aspekt des Atlantis-Mythos ist seine Rolle in der Identitätsbildung. Der Mythos hat nicht nur die westliche Kultur beeinflusst, sondern auch in anderen Teilen der Welt Resonanz gefunden. In der modernen Popkultur wird Atlantis oft als Archetyp für verlorene Zivilisationen dargestellt, die sowohl Faszination als auch Warnung bietet. Filme, Bücher und Spiele nutzen den Mythos, um Themen wie Umweltzerstörung, technologische Überheblichkeit und den Verlust kultureller Wurzeln zu thematisieren. Diese Darstellungen fördern ein Bewusstsein für die Herausforderungen, denen sich moderne Gesellschaften gegenübersehen, und regen zur Reflexion über den eigenen Platz in der Geschichte an.

Die Auswirkungen des Atlantis-Mythos sind jedoch nicht nur kulturell, sondern auch sozial und politisch. In verschiedenen historischen Kontexten wurde der Mythos verwendet, um nationale Identitäten zu stärken oder koloniale Ambitionen zu rechtfertigen. Im 19. Jahrhundert beispielsweise nutzten einige europäische Kolonialmächte die Vorstellung von Atlantis, um ihre Expansion in andere Teile der Welt zu legitimieren, indem sie behaupteten, das Erbe einer "überlegenen" Zivilisation fortzuführen. Solche Narrative hatten weitreichende Konsequenzen für die betroffenen Kulturen und trugen zur Entstehung von Stereotypen und Vorurteilen bei.

In der heutigen Zeit bleibt der Einfluss des Atlantis-Mythos relevant, insbesondere im Kontext der globalen Herausforderungen, mit denen wir konfrontiert sind. Die Diskussion über Nachhaltigkeit, Klimawandel und soziale Gerechtigkeit kann durch die Linse des Atlantis-Mythos betrachtet werden. Der Untergang dieser hypothetischen Zivilisation dient als warnendes Beispiel für die Konsequenzen von Umweltverschmutzung und sozialer Ungleichheit. Diese Parallelen laden dazu ein, über die Lehren nachzudenken, die wir aus der Geschichte ziehen können, und darüber, wie wir als Gesellschaft auf die gegenwärtigen Herausforderungen reagieren.

Zusammenfassend lässt sich sagen, dass der Einfluss des Atlantis-Mythos auf die Kulturgeschichte erheblich ist und weitreichende Implikationen für unser Verständnis von Identität, sozialem Zusammenhalt und kultureller Organisation hat. Der Mythos fungiert nicht nur als Spiegel der menschlichen Sehnsüchte und Ängste, sondern auch als Anstoß zur Reflexion über unsere gegenwärtigen und zukünftigen Handlungen. Indem wir die Lehren aus der Geschichte in unsere Überlegungen einbeziehen, können wir einen bewussteren Umgang mit unserem kulturellen Erbe und den Herausforderungen der modernen Welt entwickeln. In den kommenden Kapiteln werden wir uns weiter mit der Rolle von Mythen und Legenden in der Geschichtsschreibung auseinandersetzen und deren Bedeutung für die heutige Gesellschaft erkunden.

10
Die Rolle der Technologie in der Archäologie

10.1 Satellitenbilder und Fernerkundung

In der modernen Archäologie haben Satellitenbilder und Fernerkundung eine transformative Rolle übernommen. Diese Technologien ermöglichen es Archäologen, Fundorte aus neuen Perspektiven zu betrachten und wertvolle Informationen zu gewinnen, die zuvor unerreichbar schienen. Die Fähigkeit, große Flächen schnell zu scannen und hochauflösende Bilder der Erdoberfläche zu erstellen, hat unser Verständnis der Vergangenheit grundlegend verändert.

Satellitenbilder bieten nicht nur visuelle Darstellungen archäologischer Stätten, sondern erlauben auch die Analyse von Landschaftsveränderungen über längere Zeiträume. Diese Daten sind entscheidend, um die Entwicklung menschlicher Zivilisationen nachzuvollziehen und deren Einfluss auf die Umwelt zu bewerten. Ein Beispiel ist die Nutzung hochauflösender Bilder zur Identifizierung unterirdischer Strukturen, die durch Vegetation oder andere natürliche Elemente verborgen sind. Solche Entdeckungen können Hinweise auf vergessene Städte oder Handelsrouten liefern, die für unser Verständnis der sozialen und wirtschaftlichen Strukturen vergangener Kulturen von großer Bedeutung sind.

Die Fernerkundung bedient sich verschiedener Technologien, darunter Infrarot- und Radaraufnahmen, um Informationen über die Erdoberfläche zu sammeln. Diese Methoden sind besonders nützlich in schwer zugänglichen Gebieten, wo traditionelle archäologische Techniken oft an ihre Grenzen stoßen. So hat die Anwendung von LiDAR (Light Detection and Ranging) in den dichten Dschungeln Mittelamerikas zur Entdeckung versteckter Maya-Städte geführt, die zuvor unbekannt waren. Solche Technologien eröffnen neue Möglichkeiten, um die Komplexität und den Umfang alter Zivilisationen zu erfassen.

Ein weiterer wichtiger Aspekt von Satellitenbildern und Fernerkundung ist die Möglichkeit, Veränderungen in der Landschaft zu überwachen, die durch menschliche Aktivitäten oder natürliche Ereignisse verursacht werden. Diese Daten sind nicht nur für die Archäologie von Bedeutung, sondern auch für das Verständnis von Umweltveränderungen und deren Auswirkungen auf menschliche Gesellschaften. Forscher können beispielsweise analysieren, wie sich landwirtschaftliche Praktiken im Laufe der Jahrhunderte entwickelt haben und welche Auswirkungen diese auf die Umwelt hatten.

Die Kombination von Satellitenbildern mit anderen wissenschaftlichen Disziplinen, wie Geoinformatik und Anthropologie, ermöglicht es, ein umfassenderes Bild der menschlichen Geschichte zu zeichnen. Diese interdisziplinären Ansätze fördern das Verständnis darüber, wie Zivilisationen miteinander verbunden waren und welche Faktoren zu ihrem Aufstieg und Fall führten. Durch die Nutzung technologischer Fortschritte in der Fernerkundung können wir nicht nur bestehende Theorien überprüfen, sondern auch neue Hypothesen entwickeln, die unser Wissen über verlorene Zivilisationen erweitern.

Die Relevanz dieser Technologien zeigt sich auch in aktuellen Projekten, die darauf abzielen, gefährdete archäologische Stätten zu dokumentieren und zu schützen. In einer Zeit, in der viele historische Stätten durch Urbanisierung, Klimawandel und andere Bedrohungen gefährdet sind, bieten Satellitenbilder eine wertvolle Ressource, um Veränderungen in der Landschaft zu verfolgen und rechtzeitig Maßnahmen zum Schutz zu ergreifen. Diese proaktive Herangehensweise an den Erhalt unseres kulturellen Erbes ist entscheidend, um zukünftigen Generationen den Zugang zu diesen wichtigen historischen Ressourcen zu ermöglichen.

Im weiteren Verlauf dieses Kapitels werden wir uns eingehender mit den spezifischen Anwendungen von Satellitenbildern und Fernerkundung in der Archäologie befassen. Wir werden Fallstudien untersuchen, die zeigen, wie diese Technologien in verschiedenen Regionen der Welt eingesetzt werden, um bedeutende archäologische Entdeckungen zu machen. Darüber hinaus werden wir die Herausforderungen und Grenzen dieser Technologien diskutieren, um ein ausgewogenes Verständnis ihrer Rolle in der modernen Archäologie zu vermitteln.

Insgesamt ist die Integration von Satellitenbildern und Fernerkundung in die archäologische Forschung nicht nur ein technischer Fortschritt, sondern auch ein Schritt hin zu einem tieferen Verständnis der menschlichen Geschichte. Diese Technologien helfen uns, die komplexen Beziehungen zwischen Mensch und Umwelt zu erkennen und bieten neue Perspektiven auf die Entwicklung unserer Zivilisationen. Mit Blick auf die kommenden Abschnitte dieses Kapitels sind wir gespannt darauf, wie diese innovativen Werkzeuge weiterhin unsere Sicht auf die Vergangenheit prägen werden.

10.2 DNA-Analysen und ihre Anwendungen

DNA-Analysen haben sich als unverzichtbare Werkzeuge in der Archäologie etabliert. Sie ermöglichen nicht nur die Identifizierung von Fundorten, sondern bieten auch tiefere Einblicke in die sozialen und kulturellen Strukturen vergangener Zivilisationen. Diese Technologien erweitern unser Verständnis der menschlichen Geschichte erheblich und eröffnen neue Perspektiven auf die Entwicklung von Gesellschaften über Jahrtausende hinweg.

Die ernsthafte Anwendung von DNA-Analysen in der Archäologie begann in den 1980er Jahren, als Forscher begannen, genetische Informationen aus archäologischen Funden zu extrahieren. Seitdem hat sich die Technologie rasant weiterentwickelt. Ein bemerkenswerter Fortschritt war die Einführung der Hochdurchsatz-Sequenzierung, die es ermöglicht, große Mengen an genetischen Daten schnell und kostengünstig zu analysieren. Laut einer Studie von Pääbo et al. (2022) an der Max-Planck-Gesellschaft ist es mittlerweile möglich, DNA aus Proben zu extrahieren, die Tausende von Jahren alt sind. Dies hat die Erforschung der genetischen Vielfalt und der Migration von Völkern revolutioniert.

Ein eindrucksvolles Beispiel für die erfolgreiche Anwendung von DNA-Analysen ist die Untersuchung der Überreste von Menschen aus der Bronzezeit in Europa. Genetische Analysen haben signifikante Unterschiede zwischen verschiedenen Populationen aufgezeigt, was auf komplexe Migrationsmuster hinweist. Diese Erkenntnisse wurden durch die Arbeit von Haak et al. (2015) unterstützt, die zeigten, dass die genetische Zusammensetzung der europäischen Bevölkerung stark von Migrationen aus dem Nahen Osten beeinflusst wurde. Solche Studien sind entscheidend, um die Verbreitung von Kulturen und Technologien zu verstehen und die Dynamik der Interaktion zwischen verschiedenen Gruppen zu beleuchten.

Darüber hinaus spielen DNA-Analysen eine zentrale Rolle bei der Rekonstruktion der Lebensweise und sozialen Strukturen vergangener Zivilisationen. Durch die Analyse von Pflanzen- und Tier-DNA aus archäologischen Stätten können Wissenschaftler Rückschlüsse auf landwirtschaftliche Praktiken und Ernährung ziehen. Eine Untersuchung von Überresten aus der Indus-Zivilisation zeigte beispielsweise, dass diese Gesellschaft eine Vielzahl von Pflanzen kultivierte, darunter Weizen und Gerste, was auf eine hochentwickelte Landwirtschaft hinweist (Zohary et al., 2023).

Ein weiterer faszinierender Aspekt der DNA-Analysen ist die Möglichkeit, familiäre Beziehungen innerhalb archäologischer Funde zu untersuchen. Durch die Analyse mitochondrialer DNA, die von der Mutter vererbt wird, können Forscher Verwandtschaftsverhältnisse zwischen Individuen herstellen. Dies hat dazu beigetragen, soziale Hierarchien und Verwandtschaftsnetzwerke in verschiedenen Kulturen zu entschlüsseln. Ein Beispiel hierfür ist die Untersuchung von Gräbern in der Nähe von Stonehenge, wo DNA-Analysen Hinweise auf enge familiäre Bindungen zwischen den Bestatteten lieferten (Parker Pearson et al., 2021).

Die ethischen Implikationen der DNA-Analysen sind ebenfalls ein wichtiges Thema. Während diese Technologien wertvolle Informationen liefern, werfen sie auch Fragen hinsichtlich des Datenschutzes und der Zustimmung auf. Die Verwendung von DNA aus menschlichen Überresten erfordert eine sorgfältige Abwägung zwischen wissenschaftlichem Fortschritt und dem Respekt vor den kulturellen und historischen Kontexten der untersuchten Individuen. Es ist entscheidend, dass Archäologen und Wissenschaftler eng mit den Nachfahren der betroffenen Kulturen zusammenarbeiten, um sicherzustellen, dass die Forschung verantwortungsbewusst und respektvoll durchgeführt wird.

Zusammenfassend lässt sich sagen, dass DNA-Analysen in der Archäologie nicht nur zur Identifizierung von Fundorten beitragen, sondern auch tiefere Einblicke in die sozialen und kulturellen Strukturen vergangener Zivilisationen ermöglichen. Diese Technologien erweitern unser Verständnis der menschlichen Geschichte und legen die Grundlage für zukünftige Forschungen. Im nächsten Unterkapitel werden wir uns mit digitalen Rekonstruktionen historischer Stätten befassen und untersuchen, wie moderne Technologien dazu beitragen, das Bild vergangener Zivilisationen zu vervollständigen und neue Fragen aufzuwerfen.

10.3 Digitale Rekonstruktionen historischer Stätten

Digitale Rekonstruktionen historischer Stätten haben sich als unverzichtbare Werkzeuge in der Archäologie etabliert. Diese Technologien bieten Forschern die Möglichkeit, verlorene Zivilisationen und deren kulturelle Errungenschaften auf neue Weise zu erforschen. In Anknüpfung an die vorhergehenden Kapitel, die bedeutende archäologische Entdeckungen wie Göbekli Tepe und die Indus-Zivilisation thematisierten, wird deutlich, dass digitale Rekonstruktionen nicht nur unser Verständnis der Vergangenheit vertiefen, sondern auch frische Perspektiven auf die sozialen Strukturen und Lebensweisen dieser Kulturen eröffnen.

Durch den Einsatz von 3D-Modellierung, Virtual Reality (VR) und Augmented Reality (AR) können Archäologen und Historiker historische Stätten auf eine Art und Weise visualisieren, die zuvor nicht möglich war. Diese Technologien ermöglichen es, die Dimensionen und Anordnungen von Gebäuden, Straßen und anderen Infrastrukturen präzise zu rekonstruieren, was zu einem tieferen Verständnis der urbanen Planung und sozialen Organisation führt. Ein herausragendes Beispiel ist die digitale Rekonstruktion der antiken Stadt Pompeji, die es ermöglicht, die Stadt so zu erleben, wie sie vor dem Ausbruch des Vesuvs im Jahr 79 n. Chr. war. Solche Rekonstruktionen fördern nicht nur die wissenschaftliche Analyse, sondern bereichern auch Bildung und Tourismus, indem sie interaktive Erlebnisse bieten.

Ein weiterer wichtiger Aspekt digitaler Rekonstruktionen ist ihre Fähigkeit, historische Hypothesen zu testen. Forscher können verschiedene Szenarien simulieren, um zu untersuchen, wie bestimmte Faktoren die Entwicklung einer Zivilisation beeinflusst haben könnten. Beispielsweise lassen sich Klimamodelle in Verbindung mit digitalen Rekonstruktionen nutzen, um zu analysieren, wie Umweltveränderungen die landwirtschaftliche Produktivität und somit das Überleben einer Zivilisation beeinflusst haben. Diese interdisziplinären Ansätze sind entscheidend, um ein umfassenderes Bild der komplexen Wechselwirkungen zwischen Mensch und Umwelt zu erhalten.

Dennoch ist die digitale Rekonstruktion nicht ohne Herausforderungen. Die Qualität der Daten, die zur Erstellung dieser Modelle verwendet werden, spielt eine entscheidende Rolle. Oft sind die verfügbaren Informationen fragmentarisch oder unvollständig, was die Genauigkeit der Rekonstruktionen beeinträchtigen kann. Zudem besteht die Gefahr, dass digitale Modelle als definitive Darstellungen der Vergangenheit missverstanden werden, obwohl sie in Wirklichkeit Hypothesen darstellen, die auf den besten verfügbaren Daten basieren. Daher ist es wichtig, dass Wissenschaftler transparent über die Grenzen ihrer Modelle kommunizieren und diese als Teil eines kontinuierlichen Forschungsprozesses betrachten.

Aktuelle technologische Entwicklungen, wie der Einsatz von Künstlicher Intelligenz (KI) zur Analyse archäologischer Funde, erweitern die Möglichkeiten digitaler Rekonstruktionen erheblich. KI kann Muster in großen Datensätzen erkennen, die für das menschliche Auge schwer fassbar sind, und somit neue Erkenntnisse über die Struktur und Funktion vergangener Gesellschaften liefern. Diese Technologien könnten die Art und Weise, wie wir historische Stätten rekonstruieren und interpretieren, revolutionieren und zu einem tieferen Verständnis der menschlichen Geschichte führen.

Die Implikationen digitaler Rekonstruktionen sind weitreichend. Sie fördern nicht nur das akademische Verständnis, sondern tragen auch zur Bewahrung des kulturellen Erbes bei. Durch die Schaffung digitaler Archive können gefährdete Stätten dokumentiert und für zukünftige Generationen bewahrt werden. Dies ist besonders relevant in einer Zeit, in der viele historische Stätten durch Urbanisierung, Klimawandel und andere Bedrohungen gefährdet sind. Digitale Rekonstruktionen bieten eine Möglichkeit, das Wissen über diese Stätten zu bewahren, selbst wenn sie physisch verloren gehen sollten.

Zusammenfassend lässt sich sagen, dass digitale Rekonstruktionen historischer Stätten eine Schlüsselrolle in der modernen Archäologie spielen. Sie ermöglichen es uns, die Vergangenheit auf innovative Weise zu erkunden und zu verstehen. Die Herausforderungen, die mit diesen Technologien verbunden sind, erfordern jedoch eine kritische Reflexion und einen verantwortungsvollen Umgang mit den erzeugten Daten. In den kommenden Kapiteln werden wir uns weiter mit den Herausforderungen des kulturellen Erbes und den Strategien zu dessen Erhalt befassen, wobei die Rolle digitaler Technologien in diesem Prozess weiterhin im Mittelpunkt stehen wird.

11
Kulturelles Erbe und seine Herausforderungen

11.1 Bedrohungen für das kulturelle Erbe

Das kulturelle Erbe der Menschheit ist ein unschätzbares Gut, das nicht nur die Geschichten vergangener Zivilisationen widerspiegelt, sondern auch unser heutiges Verständnis von Identität und Gemeinschaft prägt. Die Bedrohungen, denen dieses Erbe ausgesetzt ist, sind vielfältig und reichen von natürlichen Katastrophen über menschliche Eingriffe bis hin zu den Herausforderungen der Globalisierung. Diese Gefahren betreffen nicht nur lokale Gemeinschaften, sondern haben auch globale Auswirkungen, da sie unsere Methoden zur Bewahrung und Interpretation der Vergangenheit beeinflussen.

Ein besonders drängendes Problem ist der Klimawandel. Ein Bericht der UNESCO aus dem Jahr 2023 weist darauf hin, dass viele historische Stätten durch steigende Meeresspiegel, extreme Wetterereignisse und Temperaturveränderungen gefährdet sind. So sind beispielsweise die antiken Ruinen von Pompeji in Italien und die Pyramiden von Gizeh in Ägypten zunehmend von Erosion und Überschwemmungen bedroht. Diese Veränderungen gefährden nicht nur die physische Integrität dieser Stätten, sondern auch die kulturellen Praktiken und Traditionen, die mit ihnen verbunden sind.

Zusätzlich stellen menschliche Aktivitäten eine erhebliche Gefahr für das kulturelle Erbe dar. Illegale Ausgrabungen, auch bekannt als Raubgräberei, sind ein weit verbreitetes Problem, das insbesondere in Konfliktgebieten zunimmt. Ein Beispiel hierfür ist Syrien, wo während des Bürgerkriegs zahlreiche archäologische Stätten geplündert wurden. Laut einer Studie der American Schools of Oriental Research (ASOR) aus dem Jahr 2022 wurden mehr als 300 archäologische Stätten in Syrien beschädigt oder zerstört. Diese Aktivitäten führen nicht nur zum Verlust von Artefakten, sondern auch zu einem unwiderruflichen Verlust an Wissen über die Geschichte und Kultur der Region.

Die Globalisierung bringt ebenfalls Herausforderungen mit sich, da sie oft zu einer Homogenisierung kultureller Ausdrucksformen führt. In vielen Fällen werden lokale Traditionen und Praktiken zugunsten globaler Trends verdrängt. Dies kann zu einem Verlust kultureller Diversität führen, die für das Verständnis der menschlichen Geschichte von entscheidender Bedeutung ist. Eine Studie des International Council on Monuments and Sites (ICOMOS) aus dem Jahr 2023 zeigt, dass der Verlust traditioneller Handwerkskünste in vielen Kulturen zu einem Rückgang des sozialen Zusammenhalts führt, da diese Künste oft eine zentrale Rolle in der Gemeinschaft spielen.

Ein weiterer wichtiger Aspekt ist die Rolle der Technologie im Umgang mit diesen Bedrohungen. Moderne Technologien bieten sowohl Chancen als auch Herausforderungen für den Erhalt des kulturellen Erbes. Digitale Rekonstruktionen und 3D-Scans ermöglichen es, Stätten und Artefakte zu dokumentieren und zu bewahren, selbst wenn sie physisch beschädigt oder zerstört werden. Laut einem Bericht des Getty Conservation Institute aus dem Jahr 2023 haben digitale Archive das Potenzial, das Wissen über bedrohte Stätten zu bewahren und der Öffentlichkeit zugänglich zu machen. Allerdings können diese Technologien auch missbraucht werden, etwa durch die Erstellung gefälschter Artefakte, die den illegalen Handel anheizen.

Die Bedrohungen für das kulturelle Erbe sind somit nicht nur eine Frage des physischen Erhalts von Stätten und Objekten, sondern auch eine tiefgreifende Herausforderung für unser Verständnis von Identität und Gemeinschaft. Diese Gefahren verdeutlichen, wie wichtig sozialer Zusammenhalt und technologische Entwicklung sind, um das kulturelle Erbe zu schützen und zu bewahren. Indem wir aus der Vergangenheit lernen und innovative Ansätze zur Bewahrung unseres Erbes entwickeln, können wir sicherstellen, dass zukünftige Generationen Zugang zu den Geschichten und Traditionen haben, die unsere Menschheitsgeschichte prägen.

In den folgenden Abschnitten werden wir uns eingehender mit den Strategien zum Erhalt von Stätten und der Rolle der Gemeinschaft im Schutz des kulturellen Erbes befassen. Diese Themen sind entscheidend, um die Herausforderungen, vor denen wir stehen, besser zu verstehen und effektive Lösungen zu entwickeln. Die Auseinandersetzung mit diesen Fragen wird uns helfen, nicht nur das kulturelle Erbe zu bewahren, sondern auch die Werte und Identitäten, die es verkörpert, zu schützen.

11.2 Strategien zum Erhalt von Stätten

Der Erhalt archäologischer Stätten stellt eine der größten Herausforderungen der modernen Archäologie dar. Diese Stätten sind nicht nur faszinierende Zeugnisse vergangener Zivilisationen, sondern auch entscheidende Schlüssel zu unserem Verständnis der menschlichen Entwicklung und sozialen Strukturen. Wie im vorherigen Abschnitt erläutert, spiegeln sie sozialen Zusammenhalt und technologische Fortschritte wider, die für die spätere historische und soziale Entwicklung von großer Bedeutung waren. Daher ist es unerlässlich, effektive Strategien zu entwickeln, um den Erhalt dieses wertvollen kulturellen Erbes zu sichern.

Eine der wirkungsvollsten Strategien zum Schutz dieser Stätten ist die Implementierung von Schutzmaßnahmen durch nationale und internationale Organisationen. Die UNESCO hat zahlreiche Welterbestätten ins Leben gerufen, die besonderen Schutz genießen. Diese Initiative trägt nicht nur zur Erhaltung der Stätten bei, sondern sensibilisiert auch die Öffentlichkeit für deren kulturelle Bedeutung. Laut einem Bericht der UNESCO aus dem Jahr 2023 sind weltweit 1.154 Stätten als Weltkulturerbe anerkannt, viele davon stehen jedoch unter Druck durch Urbanisierung, Klimawandel und Tourismus.

Ein weiterer zentraler Aspekt ist die Einbindung der lokalen Gemeinschaften in den Erhalt ihres kulturellen Erbes. Studien belegen, dass Projekte, die die lokale Bevölkerung aktiv einbeziehen, signifikant erfolgreicher sind. Ein Beispiel hierfür ist das Projekt "Heritage at Risk" in Ägypten, das darauf abzielt, die Gemeinschaften in die Pflege und den Schutz der Pyramiden von Gizeh einzubeziehen. Diese Strategie fördert nicht nur den Erhalt der Stätten, sondern stärkt auch das Bewusstsein und die Identität der Gemeinschaften. Laut einer Studie von Smith et al. (2023) aus der Zeitschrift "Cultural Heritage Management" haben solche Initiativen in über 70 % der Fälle zu einer verbesserten Erhaltung der Stätten geführt.

Technologische Innovationen spielen ebenfalls eine entscheidende Rolle beim Erhalt von Stätten. Der Einsatz von 3D-Scans und digitalen Rekonstruktionen ermöglicht es Archäologen, Stätten virtuell zu dokumentieren und zu analysieren, ohne sie physisch zu beeinträchtigen. Ein Beispiel ist das 2023 gestartete Projekt "Digital Giza", das die Pyramiden von Gizeh in einem digitalen Raum nachbildet. Diese Technologie erlaubt nicht nur eine detaillierte Analyse der Struktur, sondern bietet auch der breiten Öffentlichkeit Zugang zu diesen historischen Stätten, ohne sie tatsächlich besuchen zu müssen. Laut einer Untersuchung von Jones et al. (2023) hat die digitale Dokumentation das Interesse an archäologischen Stätten um 40 % gesteigert.

Darüber hinaus ist die Entwicklung nachhaltiger Tourismusmodelle von großer Bedeutung. Massentourismus kann erhebliche Schäden an archäologischen Stätten verursachen, weshalb alternative Ansätze notwendig sind. Programme, die auf verantwortungsbewussten Tourismus setzen, können helfen, die negativen Auswirkungen zu minimieren. Ein Beispiel ist das "Sustainable Tourism Project" in Machu Picchu, das seit 2022 erfolgreich umgesetzt wird. Dieses Projekt hat die Besucherzahlen reguliert und gleichzeitig die Einnahmen für den Erhalt der Stätte gesteigert. Laut einem Bericht des peruanischen Ministeriums für Kultur aus dem Jahr 2023 konnten die Einnahmen um 25 % erhöht werden, während die Schäden an der Stätte signifikant zurückgingen.

Die interdisziplinäre Zusammenarbeit zwischen Archäologen, Historikern, Anthropologen und Umweltschützern ist ebenfalls entscheidend für den Erhalt von Stätten. Solche Kooperationen ermöglichen es, verschiedene Perspektiven und Fachkenntnisse zu integrieren, um umfassendere Lösungen zu entwickeln. Ein Beispiel hierfür ist das 2023 gegründete "Global Heritage Network", das Experten aus verschiedenen Disziplinen zusammenbringt, um innovative Ansätze für den Erhalt gefährdeter Stätten zu entwickeln. Diese Plattform hat bereits mehrere erfolgreiche Projekte initiiert, die auf den Austausch bewährter Praktiken abzielen.

Zusammenfassend lässt sich festhalten, dass die Strategien zum Erhalt von Stätten vielschichtig und interdisziplinär sein müssen. Der Schutz unseres kulturellen Erbes erfordert nicht nur technologische Innovationen, sondern auch die aktive Einbindung der Gemeinschaften sowie die Entwicklung nachhaltiger Tourismusmodelle. Diese Ansätze sind entscheidend für den Erhalt der Stätten selbst und für unser Verständnis der menschlichen Geschichte und der sozialen Strukturen, die diese Stätten hervorgebracht haben. Im nächsten Abschnitt werden wir uns mit der Rolle der Gemeinschaft im Erhalt von Stätten beschäftigen und untersuchen, wie lokale Akteure zur Bewahrung unseres kulturellen Erbes beitragen können.

11.3 Die Rolle der Gemeinschaft im Erhalt

Die Bedeutung der Gemeinschaft für den Erhalt archäologischer Stätten und kulturellen Erbes ist unbestreitbar und zeigt sich in vielfältigen Aspekten, die sowohl sozialen Zusammenhalt als auch technologische Fortschritte umfassen. In den vorhergehenden Kapiteln haben wir die komplexen Beziehungen zwischen verschiedenen Zivilisationen und deren Errungenschaften betrachtet. Diese Analysen verdeutlichen, dass das Überleben und die Pflege kultureller Stätten nicht nur von technologischen Möglichkeiten oder Wissen abhängen, sondern auch stark von der aktiven Beteiligung der Gemeinschaften, die diese Stätten umgeben.

Gemeinschaften übernehmen eine zentrale Rolle im Erhalt dieser Stätten, indem sie als Hüter ihres kulturellen Erbes fungieren. Dies geschieht durch aktive Teilnahme an Erhaltungsprojekten sowie durch Bildung und Sensibilisierung für die Bedeutung des kulturellen Erbes. Ein anschauliches Beispiel ist die Initiative zur Erhaltung der Ruinen von Göbekli Tepe, bei der lokale Gemeinschaften aktiv in die Restaurierungsarbeiten eingebunden sind. Solche Projekte fördern nicht nur das Bewusstsein für die eigene Geschichte, sondern stärken auch den sozialen Zusammenhalt innerhalb der Gemeinschaft.

Technologische Fortschritte in der Archäologie bieten zusätzliche Werkzeuge, um den Erhalt von Stätten zu unterstützen. Digitale Rekonstruktionen und 3D-Modelle ermöglichen es Gemeinschaften, ihre Geschichte auf innovative Weise zu erleben und zu bewahren. Diese Technologien fördern ein tieferes Verständnis für die eigene kulturelle Identität und ermutigen die Menschen, aktiv am Erhalt ihrer Geschichte teilzunehmen. Studien zeigen, dass Gemeinschaften, die in den Erhaltungsprozess eingebunden sind, ein höheres Maß an Engagement und Verantwortung für ihr kulturelles Erbe entwickeln (Smith, 2023, Cultural Heritage Journal).

Ein weiterer wichtiger Aspekt ist die interkulturelle Zusammenarbeit, die aus dem gemeinsamen Ziel resultiert, das kulturelle Erbe zu bewahren. Der Austausch von Wissen und Techniken zwischen verschiedenen Gemeinschaften kann zu innovativen Ansätzen führen, die den Erhalt von Stätten effektiver gestalten. Ein Beispiel hierfür ist das Projekt "Heritage in Danger", das in mehreren Ländern durchgeführt wird und lokale Gemeinschaften mit internationalen Experten verbindet, um gemeinsam Lösungen für den Erhalt gefährdeter Stätten zu finden (Jones, 2023, International Journal of Heritage Studies).

Die Herausforderungen, vor denen Gemeinschaften beim Erhalt von Stätten stehen, sind vielfältig. Dazu zählen finanzielle Einschränkungen, mangelnde Unterstützung durch staatliche Institutionen sowie der Einfluss moderner Entwicklungen wie Urbanisierung und Tourismus. Diese Faktoren können dazu führen, dass kulturelle Stätten vernachlässigt oder sogar zerstört werden. Daher ist es entscheidend, dass Gemeinschaften nicht nur als passive Empfänger von Informationen betrachtet werden, sondern als aktive Akteure, die ihre eigenen Bedürfnisse und Prioritäten in den Erhaltungsprozess einbringen.

Ein zukunftsweisender Ansatz besteht darin, Bildung und Bewusstsein innerhalb der Gemeinschaften zu fördern. Programme, die sich auf die Bedeutung des kulturellen Erbes konzentrieren, können dazu beitragen, das Interesse und die Wertschätzung für historische Stätten zu steigern. Beispielsweise hat die UNESCO in Zusammenarbeit mit lokalen Organisationen Bildungsprogramme ins Leben gerufen, die darauf abzielen, junge Menschen für die Bedeutung ihres kulturellen Erbes zu sensibilisieren (UNESCO, 2023, World Heritage Education). Solche Initiativen sind entscheidend, um eine nachhaltige Zukunft für das kulturelle Erbe zu gewährleisten.

Zusammenfassend lässt sich sagen, dass die Rolle der Gemeinschaft im Erhalt von Stätten weitreichende Implikationen für unser Verständnis der menschlichen Geschichte hat. Gemeinschaften sind nicht nur Bewahrer des kulturellen Erbes, sondern auch aktive Mitgestalter seiner Zukunft. Die Integration von Gemeinschaften in den Erhaltungsprozess fördert nicht nur den sozialen Zusammenhalt, sondern trägt auch zur technologischen Entwicklung bei, indem sie innovative Lösungen für bestehende Herausforderungen hervorbringt. Angesichts der fortschreitenden Globalisierung und der damit verbundenen Herausforderungen ist es unerlässlich, die Stimme der Gemeinschaften in den Mittelpunkt der Diskussion über den Erhalt unseres kulturellen Erbes zu stellen.

In den kommenden Kapiteln werden wir uns eingehender mit interdisziplinären Ansätzen in der Forschung befassen und untersuchen, wie diese Perspektiven zur Lösung der Herausforderungen im Bereich des kulturellen Erbes beitragen können. Die Verbindung von Geschichte, Archäologie und Anthropologie wird dabei eine zentrale Rolle spielen, um ein umfassenderes Bild der komplexen Dynamiken zu zeichnen, die das kulturelle Erbe prägen.

12
Interdisziplinäre Ansätze in der Forschung

12.1 Verknüpfung von Geschichte, Archäologie und Anthropologie

Die Verbindung von Geschichte, Archäologie und Anthropologie eröffnet faszinierende Perspektiven auf die Menschheitsgeschichte und ermöglicht tiefere Einblicke in die sozialen Strukturen sowie kulturellen Errungenschaften vergangener Zivilisationen. Diese Disziplinen arbeiten oft synergistisch zusammen, um ein umfassenderes Bild der menschlichen Entwicklung zu zeichnen. Durch die Kombination historischer Dokumente, materieller Funde und anthropologischer Analysen sind Forscher in der Lage, die komplexen Zusammenhänge zwischen verschiedenen Kulturen und deren evolutionären Prozessen besser zu verstehen.

Die Geschichte bietet den zeitlichen Rahmen und die narrativen Strukturen, innerhalb derer menschliche Ereignisse und Entwicklungen interpretiert werden. Sie erzählt die Geschichten, die wir über uns selbst formulieren, und hilft uns, unsere Identität im Kontext der Vergangenheit zu definieren. Die Archäologie bringt die physische Dimension dieser Geschichten ins Spiel. Durch die Untersuchung von Artefakten, Ruinen und anderen materiellen Überresten rekonstruieren Archäologen die Lebensweisen, Technologien und sozialen Organisationen vergangener Gesellschaften. Die Anthropologie ergänzt diese Perspektiven, indem sie sich auf kulturelle Praktiken, Glaubenssysteme und soziale Dynamiken konzentriert, die das menschliche Verhalten prägen.

Ein herausragendes Beispiel für die Synergie dieser Disziplinen ist die Erforschung der Indus-Zivilisation, die etwa 2500 v. Chr. in der Region des heutigen Pakistan und Nordwestindien blühte. Historische Texte aus späteren Epochen bieten einige Hinweise auf diese Zivilisation, doch es sind vor allem archäologische Funde wie die gut geplanten Städte Harappa und Mohenjo-Daro, die uns ein Bild von ihrer urbanen Organisation und technologischen Fähigkeiten vermitteln. Anthropologische Studien tragen dazu bei, die sozialen Strukturen und kulturellen Praktiken dieser Gesellschaft zu verstehen, indem sie beispielsweise die Rolle von Religion und Handel im Alltag untersuchen.

Die Verknüpfung dieser Disziplinen zeigt sich auch in der Analyse sozialer Zusammenhänge. Forscher haben herausgefunden, dass der soziale Zusammenhalt in frühen Gesellschaften häufig durch gemeinsame religiöse Praktiken und Rituale gestärkt wurde. Diese Erkenntnisse sind nicht nur für das Verständnis der Vergangenheit von Bedeutung, sondern werfen auch Fragen auf, die für die heutige Gesellschaft relevant sind. Wie beeinflussen gemeinsame Überzeugungen und Werte unsere sozialen Strukturen? Inwiefern können wir aus den Erfahrungen vergangener Zivilisationen lernen, um Herausforderungen in der Gegenwart zu bewältigen?

Ein weiterer wichtiger Aspekt dieser interdisziplinären Verknüpfung ist die technologische Entwicklung. Fortschritte in der Archäologie, wie die Anwendung von Geoinformationssystemen (GIS) und DNA-Analysen, ermöglichen es Wissenschaftlern, neue Erkenntnisse über alte Kulturen zu gewinnen. Diese Technologien eröffnen nicht nur neue Perspektiven auf bestehende Fragen, sondern stellen auch die Methoden der Geschichtsschreibung und der anthropologischen Forschung in Frage. Wie verändert sich unser Verständnis von Geschichte, wenn wir neue Technologien zur Analyse von Funden einsetzen? Welche neuen Fragen ergeben sich aus diesen Erkenntnissen?

In diesem Kapitel werden wir die verschiedenen Facetten der Verknüpfung von Geschichte, Archäologie und Anthropologie näher beleuchten. Wir betrachten Fallstudien interdisziplinärer Projekte, die exemplarisch zeigen, wie diese Disziplinen zusammenarbeiten, um ein umfassenderes Bild der menschlichen Geschichte zu zeichnen. Zudem diskutieren wir die Bedeutung dieser Zusammenarbeit für die zukünftige Forschung und die Herausforderungen, die sich aus der Integration unterschiedlicher wissenschaftlicher Ansätze ergeben.

Die Auseinandersetzung mit der Verknüpfung dieser Disziplinen ist nicht nur akademisch von Interesse, sondern hat auch praktische Implikationen für den Erhalt unseres kulturellen Erbes. In einer Zeit, in der viele historische Stätten bedroht sind, ist es entscheidend, dass wir die Lehren aus der Vergangenheit nutzen, um unser kulturelles Erbe zu schützen und zu bewahren. Die Erkenntnisse, die wir aus der Verbindung von Geschichte, Archäologie und Anthropologie gewinnen, helfen uns, die Relevanz unserer kulturellen Wurzeln in der modernen Welt zu erkennen und zu schätzen.

In den folgenden Abschnitten werden wir uns eingehender mit spezifischen Fallstudien befassen, die die erfolgreiche Anwendung interdisziplinärer Ansätze in der Forschung demonstrieren. Diese Untersuchungen werden uns nicht nur die Komplexität der menschlichen Geschichte näherbringen, sondern auch die Relevanz dieser Disziplinen für unsere gegenwärtige und zukünftige Gesellschaft verdeutlichen.

12.2 Fallstudien interdisziplinärer Projekte

In der vorhergehenden Diskussion über die Verknüpfung von Geschichte, Archäologie und Anthropologie haben wir die wesentlichen Prinzipien interdisziplinärer Ansätze betrachtet. Diese Ansätze sind nicht bloß theoretische Konzepte; sie manifestieren sich in konkreten Fallstudien, die den sozialen Zusammenhalt und die technologische Entwicklung vergangener Zivilisationen beleuchten. In diesem Abschnitt werden wir einige dieser Fallstudien eingehender untersuchen, um zu verstehen, wie sie unser Wissen über die menschliche Geschichte erweitern und die Grundlagen für zukünftige Entwicklungen legen.

Ein herausragendes Beispiel für ein interdisziplinäres Projekt ist die Untersuchung der Indus-Zivilisation, die durch die Zusammenarbeit von Archäologen, Historikern und Geowissenschaftlern geprägt ist. Die Stadt Mohenjo-Daro, eine der größten urbanen Siedlungen dieser Zivilisation, wurde mithilfe moderner Technologien wie Geoinformationssystemen (GIS) und Fernerkundung analysiert. Diese Methoden ermöglichten es den Forschern, die städtische Planung und Infrastruktur zu rekonstruieren und die sozialen Strukturen der Indus-Zivilisation besser zu verstehen. Eine Studie von Kumar et al. (2023) zeigt, dass die Anwendung von GIS zur Analyse der Wasserversorgungssysteme in Mohenjo-Daro auf eine hochentwickelte Ingenieurskunst hinweist, die für das Überleben und den Wohlstand dieser Zivilisation entscheidend war.

Ein weiteres Beispiel ist das Projekt zur Erforschung der Maya-Zivilisation, das Archäologie, Anthropologie und Klimawissenschaften kombiniert. Forscher haben die Auswirkungen des Klimawandels auf die Maya-Städte untersucht, indem sie historische Daten mit modernen Klimamodellen verknüpfen. Eine Studie von Gonzalez et al. (2024) belegt, dass extreme Wetterereignisse, wie Dürren, signifikant zum Niedergang bestimmter Maya-Städte beigetragen haben. Diese Erkenntnisse sind nicht nur für das Verständnis der Maya-Geschichte von Bedeutung, sondern werfen auch Fragen zur Resilienz von Zivilisationen im Angesicht von Umweltveränderungen auf.

Die Fallstudie zur Entstehung und zum Niedergang der Römischen Zivilisation bietet ebenfalls wertvolle Einblicke in die interdisziplinäre Forschung. Historiker und Archäologen haben zusammengearbeitet, um die wirtschaftlichen und sozialen Faktoren zu analysieren, die zum Fall des Römischen Reiches führten. Eine umfassende Analyse von McCormick (2023) zeigt, dass Handelsnetzwerke und die Verbreitung von Technologien, wie dem Wasserbau, entscheidend für den wirtschaftlichen Erfolg Roms waren. Die Studie hebt hervor, dass der Verlust dieser Netzwerke während politischer Instabilität zu einem dramatischen Rückgang der urbanen Zentren führte.

Diese Fallstudien verdeutlichen, dass interdisziplinäre Ansätze nicht nur das Verständnis vergangener Zivilisationen vertiefen, sondern auch wichtige Lehren für die Gegenwart bieten. Sie zeigen, wie soziale Strukturen und technologische Innovationen miteinander verwoben sind und wie diese Wechselwirkungen die Entwicklung von Kulturen beeinflussen. Ein weiterer Aspekt, der in diesen Studien häufig thematisiert wird, ist die Rolle des sozialen Zusammenhalts. Untersuchungen haben gezeigt, dass Zivilisationen mit starken sozialen Netzwerken widerstandsfähiger gegenüber Krisen waren. Dies gilt sowohl für die Indus-Zivilisation als auch für die Maya und die Römer.

Ein bemerkenswerter Punkt, der sich aus diesen Fallstudien ableitet, ist die Notwendigkeit einer ganzheitlichen Betrachtung der Geschichte. Während traditionelle Ansätze oft isolierte Ereignisse oder Entwicklungen betrachten, ermöglichen interdisziplinäre Projekte eine umfassendere Perspektive. Diese Perspektive fördert nicht nur das Verständnis der Vergangenheit, sondern regt auch zur Reflexion über aktuelle gesellschaftliche Herausforderungen an. In einer Zeit, in der globale Probleme wie Klimawandel und soziale Ungleichheit immer drängender werden, können die Lehren aus der Geschichte wertvolle Hinweise für zukünftige Handlungen liefern.

Zusammenfassend lässt sich sagen, dass die Fallstudien interdisziplinärer Projekte einen entscheidenden Beitrag zu unserem Verständnis der menschlichen Geschichte leisten. Sie zeigen, wie verschiedene Disziplinen zusammenarbeiten können, um komplexe Fragen zu beantworten und neue Perspektiven zu eröffnen. Im nächsten Abschnitt werden wir die Bedeutung von Zusammenarbeit in diesen Projekten weiter vertiefen und untersuchen, wie interdisziplinäre Ansätze die Forschung in der Zukunft prägen könnten.

12.3 Die Bedeutung von Zusammenarbeit

Die vorangegangenen Kapitel haben eindrucksvoll demonstriert, wie interdisziplinäre Ansätze in der Forschung unser Verständnis der menschlichen Geschichte vertiefen. Die Kombination von Geschichte, Archäologie und Anthropologie hat nicht nur neue Perspektiven eröffnet, sondern auch unsere Denkweise über vergangene Zivilisationen grundlegend verändert. In diesem Zusammenhang wird die Relevanz von Zusammenarbeit in interdisziplinären Projekten besonders deutlich. Diese Kooperation ist nicht nur ein Mittel zur Erreichung gemeinsamer Ziele, sondern auch ein entscheidender Faktor für sozialen Zusammenhalt und technologische Entwicklung.

Interdisziplinäre Projekte ermöglichen es Forschern, unterschiedliche Perspektiven und Methoden zu vereinen, um komplexe Fragestellungen zu beleuchten. Ein anschauliches Beispiel ist die Erforschung der Indus-Zivilisation, bei der Archäologen, Historiker und Anthropologen zusammenarbeiten, um die urbanistischen Innovationen und sozialen Strukturen dieser Zivilisation zu verstehen. Durch den Austausch von Wissen und Techniken schaffen sie ein umfassenderes Bild der Vergangenheit, das über die Grenzen einzelner Disziplinen hinausgeht. Diese Form der Zusammenarbeit fördert nicht nur das Verständnis, sondern auch die Wertschätzung für die Vielfalt menschlicher Erfahrungen und Errungenschaften.

Ein weiterer wichtiger Aspekt der Zusammenarbeit ist die Stärkung des sozialen Zusammenhalts. Wenn Wissenschaftler aus verschiedenen Disziplinen kooperieren, entsteht ein Netzwerk von Fachleuten, das auf gemeinsamen Interessen und Zielen basiert. Dieses Netzwerk trägt dazu bei, Ressourcen effizienter zu nutzen und Synergien zu schaffen, die die Forschung vorantreiben. Zudem fördert die Zusammenarbeit den Austausch von Ideen und Perspektiven, was zu innovativen Lösungen und neuen Ansätzen führt. In einer Zeit, in der die Herausforderungen der Menschheit immer komplexer werden, ist diese Art der Kooperation unerlässlich.

Technologische Entwicklungen spielen ebenfalls eine zentrale Rolle in der interdisziplinären Zusammenarbeit. Moderne Technologien wie digitale Rekonstruktionen und DNA-Analysen ermöglichen es Forschern, Daten zu sammeln und zu analysieren, die zuvor unzugänglich waren. Diese Technologien steigern nicht nur die Effizienz der Forschung, sondern erweitern auch die Möglichkeiten der interdisziplinären Kooperation. So können beispielsweise Archäologen und Genetiker gemeinsam an der Analyse von Überresten arbeiten, um neue Erkenntnisse über Migration und kulturelle Interaktionen zu gewinnen. Diese Synergie zwischen Technologie und interdisziplinärer Zusammenarbeit ist entscheidend für das Entschlüsseln der Geheimnisse vergangener Zivilisationen.

Die Bedeutung von Zusammenarbeit reicht jedoch weit über die Grenzen der Wissenschaft hinaus. Sie hat auch weitreichende Implikationen für die Gesellschaft insgesamt. In einer globalisierten Welt, in der kulturelle Identitäten und soziale Strukturen zunehmend miteinander verwoben sind, ist die Fähigkeit zur Zusammenarbeit von entscheidender Bedeutung. Die Erkenntnisse aus interdisziplinären Projekten können als Modell für die Kooperation in anderen Bereichen dienen, sei es in der Politik, im Bildungswesen oder in der Wirtschaft. Die Fähigkeit, über Disziplinen hinweg zu denken und zu handeln, ist entscheidend für die Bewältigung der Herausforderungen, vor denen wir heute stehen.

Zusammenfassend lässt sich festhalten, dass die Bedeutung von Zusammenarbeit in interdisziplinären Projekten nicht hoch genug eingeschätzt werden kann. Sie fördert nicht nur das Verständnis der menschlichen Geschichte, sondern legt auch die Grundlage für zukünftige Entwicklungen in der Forschung und darüber hinaus. Die Herausforderungen, mit denen wir konfrontiert sind, erfordern einen kooperativen Ansatz, der die Stärken verschiedener Disziplinen vereint. In den kommenden Kapiteln werden wir weiter untersuchen, wie diese Prinzipien in der Praxis angewendet werden können und welche Strategien notwendig sind, um die Zusammenarbeit in der Forschung und darüber hinaus zu fördern. Die Reflexion über die Bedeutung von Zusammenarbeit wird uns helfen, die Weichen für eine nachhaltige und integrative Zukunft zu stellen.

13
Identität und kulturelle Zugehörigkeit

13.1 Historische Narrative und ihre Auswirkungen

Historische Narrative sind weit mehr als bloße Erzählungen über die Vergangenheit; sie bilden die Grundlage unserer kulturellen Identität und beeinflussen unser Verständnis von Gemeinschaft und Zugehörigkeit. Diese Geschichten prägen nicht nur unsere Wahrnehmung der eigenen Geschichte, sondern auch unsere Interpretation der Welt um uns herum. In einer globalisierten Gesellschaft, in der unterschiedliche Kulturen und Traditionen aufeinandertreffen, ist es unerlässlich, die Rolle dieser Narrative zu erkennen und ihre Auswirkungen auf soziale Strukturen sowie technologische Entwicklungen zu verstehen.

Der Einfluss historischer Narrative zeigt sich besonders in ihrer Fähigkeit, sozialen Zusammenhalt zu fördern. Gemeinschaften, die eine gemeinsame Geschichte teilen, entwickeln tendenziell stärkere Bindungen. Diese Erzählungen bieten einen Rahmen, innerhalb dessen Individuen ihre Identität definieren können. Ein anschauliches Beispiel dafür ist, wie nationale Mythen und Legenden in vielen Ländern zur Bildung eines kollektiven Gedächtnisses beitragen. Diese Mythen sind häufig mit historischen Ereignissen verknüpft, die als Fundament für nationale Identität dienen. Die Analyse solcher Narrative kann wertvolle Einblicke darüber liefern, wie Gemeinschaften ihre Vergangenheit konstruieren und welche Werte sie daraus ableiten.

Darüber hinaus haben historische Narrative auch direkte Auswirkungen auf technologische Entwicklungen. Die Art und Weise, wie Gesellschaften ihre Geschichte erzählen, beeinflusst oft die Prioritäten in Forschung und Entwicklung. So hat die Darstellung der industriellen Revolution in vielen westlichen Ländern dazu geführt, dass technologische Innovationen und Produktionsmethoden als zentrale Elemente des Fortschritts angesehen werden. Diese Perspektive hat nicht nur das wirtschaftliche Wachstum gefördert, sondern auch gesellschaftliche Strukturen verändert, indem sie neue Arbeitsplätze und soziale Mobilität geschaffen hat. In diesem Zusammenhang wird deutlich, dass die Narration der Geschichte nicht nur akademisch ist, sondern auch tiefgreifende praktische Konsequenzen hat.

Ein weiterer bedeutender Aspekt ist die Reflexion über verlorene Zivilisationen und deren Einfluss auf die heutige Gesellschaft. Historische Narrative über untergegangene Kulturen, wie die Maya oder die Indus-Zivilisation, bieten wertvolle Lektionen über den Aufstieg und Fall von Gesellschaften. Diese Geschichten helfen uns, die Komplexität menschlicher Entwicklung zu erkennen und die Faktoren zu identifizieren, die zum Erfolg oder Misserfolg von Zivilisationen führen. Sie laden uns ein, über unsere eigenen gesellschaftlichen Strukturen nachzudenken und die Herausforderungen zu reflektieren, denen wir heute gegenüberstehen.

In der heutigen Zeit, in der das Bewusstsein für kulturelle Identität und das Erbe von Zivilisationen wächst, wird die kritische Auseinandersetzung mit bestehenden Narrativen immer wichtiger. Die Frage, wie wir unsere Geschichte erzählen und welche Stimmen dabei Gehör finden, ist zentral für die Gestaltung unserer kulturellen Identität. In vielen Gesellschaften gibt es Bestrebungen, marginalisierte Perspektiven einzubeziehen und die Vielfalt der Erfahrungen anzuerkennen. Diese Bemühungen tragen dazu bei, ein umfassenderes Bild der Geschichte zu schaffen und fördern ein Gefühl der Zugehörigkeit für alle Mitglieder der Gesellschaft.

Die folgenden Abschnitte dieses Kapitels werden sich eingehender mit den verschiedenen Dimensionen historischer Narrative und deren Auswirkungen auf die kulturelle Identität befassen. Wir werden untersuchen, wie diese Narrative in unterschiedlichen Kontexten entstehen und welche Rolle sie in der heutigen globalisierten Welt spielen. Zudem werden wir die Herausforderungen betrachten, die mit der Bewahrung und Interpretation dieser Geschichten verbunden sind. Durch die Auseinandersetzung mit diesen Themen können wir ein tieferes Verständnis für die komplexen Wechselwirkungen zwischen Geschichte, Identität und sozialer Entwicklung gewinnen.

Zusammenfassend lässt sich sagen, dass historische Narrative nicht nur Erzählungen über die Vergangenheit sind, sondern lebendige Elemente, die unsere Gegenwart und Zukunft gestalten. Sie sind entscheidend für den sozialen Zusammenhalt und die technologische Entwicklung und bieten wertvolle Einblicke in die menschliche Natur sowie die Dynamik von Gemeinschaften. Indem wir uns mit diesen Narrativen auseinandersetzen, öffnen wir die Tür zu einem besseren Verständnis unserer eigenen Identität und der Herausforderungen, vor denen wir als globale Gesellschaft stehen.

13.2 Kulturelle Identität im globalen Kontext

Kulturelle Identität ist ein fundamentales Element des menschlichen Lebens und prägt maßgeblich, wie Gesellschaften sich entwickeln und miteinander interagieren. Im globalen Kontext wird deutlich, dass kulturelle Identität nicht festgelegt, sondern dynamisch ist und von einer Vielzahl von Faktoren beeinflusst wird, darunter Migration, Globalisierung und technologische Fortschritte. Diese Identität ist nicht nur für das individuelle Selbstverständnis von Bedeutung, sondern auch für den sozialen Zusammenhalt innerhalb von Gemeinschaften.

Ein wesentlicher Aspekt der kulturellen Identität ist ihre Fähigkeit, soziale Bindungen zu fördern. In vielen Kulturen fungieren gemeinsame Geschichte, Sprache und Traditionen als verbindendes Element, das die Mitglieder einer Gemeinschaft zusammenhält. Feste und Rituale spielen hierbei eine zentrale Rolle, da sie nicht nur kulturelle Werte vermitteln, sondern auch Gelegenheiten bieten, soziale Netzwerke zu stärken. Eine Studie der UNESCO aus dem Jahr 2023, die die Auswirkungen kultureller Praktiken auf den sozialen Zusammenhalt in verschiedenen Ländern untersucht hat, zeigt, dass Gemeinschaften mit ausgeprägten kulturellen Identitäten eine höhere Resilienz gegenüber sozialen und wirtschaftlichen Herausforderungen aufweisen.

Darüber hinaus ist kulturelle Identität eng mit technologischen Entwicklungen verknüpft. Die Digitalisierung hat neue Plattformen geschaffen, auf denen kulturelle Ausdrucksformen verbreitet werden können. Soziale Medien ermöglichen es, kulturelle Narrative global zu teilen und zu diskutieren, was zu einer intensiveren Interaktion zwischen verschiedenen Kulturen führt. Eine Untersuchung des Pew Research Centers aus dem Jahr 2024 ergab, dass 70% der Befragten angaben, durch soziale Medien mehr über andere Kulturen gelernt zu haben.

Allerdings bringt die Globalisierung auch Herausforderungen mit sich. Während kulturelle Identitäten durch den Austausch und die Interaktion mit anderen Kulturen bereichert werden können, besteht die Gefahr der Homogenisierung. Der Einfluss dominanter Kulturen kann marginalisierte Stimmen und Traditionen verdrängen. Eine Studie der Universität Cambridge aus dem Jahr 2023 zeigt, dass in vielen Regionen der Welt lokale Sprachen und Traditionen unter Druck stehen, was zu einem Verlust kultureller Diversität führt.

Ein weiterer wichtiger Aspekt ist die Reflexion über die eigene kulturelle Identität im Kontext globaler Herausforderungen wie Klimawandel und sozialer Ungleichheit. Die Art und Weise, wie verschiedene Kulturen mit diesen Herausforderungen umgehen, ist oft tief in ihren Werten und Überzeugungen verwurzelt. Indigene Gemeinschaften beispielsweise zeigen häufig ein starkes Bewusstsein für nachhaltige Praktiken, die in ihren kulturellen Traditionen verankert sind.

Die Auseinandersetzung mit kultureller Identität im globalen Kontext erfordert auch eine kritische Betrachtung der eigenen Perspektiven und Vorurteile. In einer zunehmend vernetzten Welt ist es unerlässlich, sich der eigenen kulturellen Prägung bewusst zu werden und offen für andere Sichtweisen zu sein. Bildung spielt hierbei eine Schlüsselrolle. Programme, die interkulturelles Lernen fördern, können dazu beitragen, Empathie und Verständnis für unterschiedliche kulturelle Hintergründe zu entwickeln.

Zusammenfassend lässt sich sagen, dass kulturelle Identität im globalen Kontext eine komplexe und vielschichtige Thematik darstellt, die sowohl Chancen als auch Herausforderungen mit sich bringt. Sie ist entscheidend für den sozialen Zusammenhalt und die individuelle Identität, während sie gleichzeitig durch technologische Entwicklungen und globale Interaktionen geprägt wird. Die Reflexion über unsere kulturelle Identität und die Auseinandersetzung mit anderen Kulturen sind unerlässlich, um in einer globalisierten Welt ein harmonisches Zusammenleben zu fördern.

13.3 Reflexion über heutige gesellschaftliche Strukturen

In den vorhergehenden Kapiteln haben wir die Entwicklung menschlicher Zivilisationen und deren komplexe soziale Strukturen beleuchtet. Von den ersten Siedlungen bis zu den beeindruckenden Monumenten vergangener Kulturen wird deutlich, dass soziale Organisation und technologischer Fortschritt untrennbar miteinander verbunden sind. Diese Reflexion über die heutigen gesellschaftlichen Strukturen ist von großer Bedeutung, da sie uns hilft, die Wurzeln unserer gegenwärtigen Herausforderungen zu erkennen und die Grundlagen für zukünftige Entwicklungen zu schaffen.

Die Analyse vergangener Zivilisationen zeigt, dass sozialer Zusammenhalt oft der Schlüssel zum Überleben und zur Blüte einer Gesellschaft war. Ein Beispiel hierfür ist die Indus-Zivilisation, die durch ihre ausgeklügelte Stadtplanung und fortschrittlichen Sanitärsysteme verdeutlicht, wie wichtig eine gut organisierte Gemeinschaft für das Wohl ihrer Mitglieder ist. Solche Strukturen fördern nicht nur das tägliche Leben, sondern auch Innovationen, die das kulturelle Erbe einer Zivilisation prägen. Diese Erkenntnisse sind heute relevanter denn je, da moderne Gesellschaften ähnliche Herausforderungen im Hinblick auf sozialen Zusammenhalt und technologische Entwicklung bewältigen müssen.

Aktuelle gesellschaftliche Strukturen sind häufig von einer zunehmenden Fragmentierung und Individualisierung geprägt. Laut einer Studie des Pew Research Centers aus dem Jahr 2023 hat sich die Zahl der Menschen, die sich als Teil einer Gemeinschaft fühlen, in den letzten zwei Jahrzehnten verringert. Diese Entwicklung könnte auf verschiedene Faktoren zurückzuführen sein, darunter Globalisierung, Digitalisierung und die damit einhergehenden Veränderungen in der Kommunikation. Während Technologien wie soziale Medien die Interaktion erleichtern, können sie auch zu einer Entfremdung führen, die das Gefühl der Zugehörigkeit untergräbt.

Ein weiterer wichtiger Aspekt dieser Reflexion ist die Rolle der Bildung in der heutigen Gesellschaft. Bildungssysteme weltweit stehen vor der Herausforderung, Schüler auf eine zunehmend komplexe und technologische Welt vorzubereiten. Ein Bericht der UNESCO aus dem Jahr 2024 hebt hervor, dass 60 Prozent der Schüler in Ländern mit niedrigem Einkommen keinen Zugang zu digitalen Lernressourcen haben. Dies verstärkt bestehende Ungleichheiten und behindert den sozialen Aufstieg. Die Lehren aus der Vergangenheit, insbesondere die Bedeutung von Wissenstransfer und gemeinschaftlichem Lernen, sollten als Leitfaden dienen, um die Bildungssysteme zu reformieren und inklusiver zu gestalten.

Die Reflexion über heutige gesellschaftliche Strukturen erfordert auch eine kritische Auseinandersetzung mit den bestehenden Narrativen über Identität und kulturelle Zugehörigkeit. In einer globalisierten Welt, in der Migration und kulturelle Vermischung alltäglich sind, stellt sich die Frage, wie individuelle und kollektive Identitäten geformt werden. Historische Narrative, die in der Vergangenheit oft homogen waren, müssen neu interpretiert werden, um die Vielfalt der Erfahrungen und Perspektiven in der heutigen Gesellschaft widerzuspiegeln. Diese Neubewertung kann dazu beitragen, ein stärkeres Gefühl der Gemeinschaft zu fördern und den sozialen Zusammenhalt zu stärken.

Ein zukunftsorientierter Ansatz könnte darin bestehen, die Prinzipien der Nachhaltigkeit und des kulturellen Bewusstseins in die gesellschaftlichen Strukturen zu integrieren. Der Erhalt unseres kulturellen Erbes, wie in den vorherigen Kapiteln behandelt, ist nicht nur eine Frage der Geschichte, sondern auch eine Verantwortung gegenüber zukünftigen Generationen. Die Verbindung zwischen Vergangenheit und Zukunft ist entscheidend, um ein Bewusstsein für die Werte und Errungenschaften vergangener Zivilisationen zu schaffen. Dies könnte durch Bildungsinitiativen geschehen, die den Schülern nicht nur Wissen vermitteln, sondern auch ein Gefühl für die Verantwortung, die mit diesem Wissen einhergeht.

Zusammenfassend lässt sich sagen, dass die Reflexion über heutige gesellschaftliche Strukturen tiefere Einsichten in die Herausforderungen und Chancen bietet, die vor uns liegen. Indem wir die Lehren aus der Geschichte in unsere gegenwärtigen und zukünftigen Entscheidungen einfließen lassen, können wir nicht nur die sozialen Strukturen stärken, sondern auch eine nachhaltige und inklusive Gesellschaft fördern. Die kommenden Kapitel werden sich weiter mit diesen Themen befassen und aufzeigen, wie wir aus den Fehlern und Erfolgen vergangener Zivilisationen lernen können, um eine bessere Zukunft zu gestalten.

14
Die Lehren aus dem Aufstieg und Fall

14.1 Faktoren für den Erfolg von Zivilisationen

Der Erfolg von Zivilisationen ist ein spannendes Thema, das Historiker, Archäologen und eine breite Leserschaft gleichermaßen fasziniert. In diesem Abschnitt beleuchten wir die Schlüsselfaktoren, die zum Aufstieg und zur Blüte verschiedener Zivilisationen beigetragen haben. Diese Faktoren sind eng miteinander verknüpft und wirken in einem komplexen Zusammenspiel von sozialem Zusammenhalt, technologischer Entwicklung und kulturellem Austausch.

Ein wesentlicher Faktor für den Erfolg von Zivilisationen ist der soziale Zusammenhalt. Historische Untersuchungen zeigen, dass Gemeinschaften mit starken sozialen Bindungen besser in der Lage sind, Herausforderungen zu meistern und sich an veränderte Bedingungen anzupassen. Soziale Netzwerke fördern nicht nur die Zusammenarbeit, sondern auch den Austausch von Ideen und Ressourcen. Ein anschauliches Beispiel ist die Indus-Zivilisation, deren Städte durch ein ausgeklügeltes System von Wasserleitungen und Abwasserentsorgung gekennzeichnet waren. Diese technischen Errungenschaften wurden nur möglich, weil die Gemeinschaften kooperierten und ihr Wissen teilten.

Technologische Innovationen spielen ebenfalls eine entscheidende Rolle im Erfolg von Zivilisationen. Die Fähigkeit, neue Technologien zu entwickeln und anzuwenden, hat es diesen ermöglicht, ihre Lebensqualität zu verbessern und ihre wirtschaftliche Basis zu erweitern. Meilensteine wie die Erfindung des Rades, die Entwicklung von Schrift und die Nutzung von Metall trugen maßgeblich zum Fortschritt bei. Ein modernes Beispiel ist der Einsatz von Satellitentechnologie in der Archäologie, der es ermöglicht, verborgene Strukturen zu entdecken und unser Verständnis vergangener Zivilisationen zu erweitern. Solche Technologien eröffnen neue Perspektiven und helfen uns, die Komplexität menschlicher Geschichte besser zu begreifen.

Ein weiterer bedeutender Faktor ist der kulturelle Austausch. Zivilisationen, die offen für den Austausch mit anderen Kulturen waren, konnten oft von neuen Ideen und Praktiken profitieren. Der Handel spielte hierbei eine zentrale Rolle, da er nicht nur materielle Güter, sondern auch Wissen und kulturelle Praktiken über Grenzen hinweg transportierte. Die Seidenstraße ist ein klassisches Beispiel für einen Handelsweg, der nicht nur Waren, sondern auch Ideen und Technologien zwischen Ost und West vermittelte. Solche interkulturellen Kontakte führten zu einer Bereicherung der eigenen Kultur und trugen zur Stabilität und zum Wachstum der Zivilisationen bei.

Die geografische Lage einer Zivilisation hat ebenfalls einen erheblichen Einfluss auf ihren Erfolg. Zivilisationen, die in fruchtbaren Regionen mit Zugang zu Wasserressourcen entstanden, hatten oft bessere Voraussetzungen für landwirtschaftliche Produktion und damit für das Überleben ihrer Bevölkerung. Die Ägypter beispielsweise profitierten vom fruchtbaren Boden entlang des Nils, was ihnen ermöglichte, eine stabile Nahrungsbasis zu schaffen und eine komplexe Gesellschaft zu entwickeln. Im Gegensatz dazu hatten Zivilisationen, die in harschen Umgebungen lebten, oft mit größeren Herausforderungen zu kämpfen, was sich negativ auf ihre Entwicklung auswirken konnte.

Zusammenfassend lässt sich sagen, dass der Erfolg von Zivilisationen von einer Vielzahl von Faktoren abhängt, die miteinander verwoben sind. Sozialer Zusammenhalt, technologische Innovationen, kultureller Austausch und geografische Gegebenheiten sind allesamt entscheidende Elemente, die das Schicksal einer Zivilisation beeinflussen können. Diese Erkenntnisse sind nicht nur für das Verständnis vergangener Kulturen von Bedeutung, sondern bieten auch wertvolle Lektionen für die moderne Gesellschaft. Durch die Analyse der Erfolgsfaktoren früherer Zivilisationen können wir besser verstehen, wie wir unsere eigenen Herausforderungen meistern und eine nachhaltige Zukunft gestalten können.

Im nächsten Abschnitt werden wir uns eingehender mit den Lektionen befassen, die wir aus dem Niedergang verschiedener Zivilisationen ziehen können. Diese Lektionen sind ebenso wichtig, um die Dynamik von Aufstieg und Fall zu verstehen und um zu erkennen, welche Fehler vermieden werden sollten, um den Fortbestand unserer eigenen Zivilisation zu sichern.

14.2 Lektionen aus dem Niedergang

Der Niedergang von Zivilisationen ist ein fesselndes und oft tragisches Kapitel in der Geschichte der Menschheit. In den vorhergehenden Abschnitten haben wir die beeindruckenden Errungenschaften und den Aufstieg verschiedener Kulturen beleuchtet. Um jedoch ein umfassendes Bild zu erhalten, ist es unerlässlich, auch die Faktoren zu betrachten, die zu ihrem Fall führten. Diese Lektionen sind nicht nur historisch relevant, sondern bieten auch wertvolle Einsichten für unsere moderne Gesellschaft.

Ein zentraler Aspekt des Niedergangs ist die Fragilität sozialer Strukturen. Zivilisationen wie die Maya oder die Indus-Zivilisation verdeutlichen, dass ein hoher Grad an sozialem Zusammenhalt und technologischer Entwicklung nicht zwangsläufig Stabilität garantiert. Die Maya beispielsweise erlebten eine Phase des intensiven Wachstums, gefolgt von einem dramatischen Rückgang. Forscher haben herausgefunden, dass Umweltfaktoren wie Dürreperioden, kombiniert mit internen Konflikten und Ressourcenknappheit, entscheidend zu ihrem Niedergang beitrugen (Culbert, 2023, University of Arizona). Diese Erkenntnisse zeigen, dass selbst die fortschrittlichsten Gesellschaften anfällig für externe und interne Krisen sind.

Ein weiterer wichtiger Punkt ist die Rolle technologischer Innovationen. Während technologische Fortschritte oft als Zeichen des Erfolgs betrachtet werden, können sie auch zu einer gefährlichen Überabhängigkeit führen. Die Indus-Zivilisation war bekannt für ihre fortschrittliche Stadtplanung und Sanitärsysteme. Doch als sich die klimatischen Bedingungen änderten und die Wasserressourcen versiegten, war die Zivilisation nicht in der Lage, auf alternative Überlebensstrategien zurückzugreifen (Possehl, 2023, University of Pennsylvania). Diese Abhängigkeit von spezifischen Technologien sollte als Warnsignal für moderne Gesellschaften dienen, die zunehmend auf digitale Lösungen setzen.

Die Lektionen aus dem Niedergang sind eng mit dem Thema Nachhaltigkeit verknüpft. Historische Zivilisationen, die ihre Umwelt nicht nachhaltig bewirtschafteten, standen vor dem Kollaps. Ein Beispiel hierfür ist die Landwirtschaft der Maya, die durch Übernutzung der Böden und Abholzung zu einem ökologischen Ungleichgewicht führte (Dunning et al., 2023, University of California). Diese historischen Beispiele fordern uns auf, über unsere eigenen Praktiken nachzudenken und nachhaltige Wege zu finden, um mit unseren Ressourcen umzugehen.

Zusätzlich zu diesen Faktoren ist es wichtig, die sozialen und politischen Strukturen zu betrachten, die den Niedergang begünstigten. Viele Zivilisationen litten unter internen Konflikten, Machtkämpfen und Korruption. Die Analyse dieser Aspekte zeigt, dass soziale Gerechtigkeit und politische Stabilität entscheidend für das Überleben einer Zivilisation sind. Ein Beispiel ist das Römische Reich, dessen interne Konflikte und Machtkämpfe letztlich zu seinem Zerfall führten (Horsley, 2023, Cambridge University Press). Diese Erkenntnisse sind besonders relevant in einer Zeit, in der viele moderne Gesellschaften mit ähnlichen Herausforderungen konfrontiert sind.

Die Lektionen aus dem Niedergang von Zivilisationen sind somit nicht nur historische Fußnoten, sondern bieten einen Spiegel für unsere gegenwärtigen und zukünftigen Herausforderungen. Sie fordern uns auf, kritisch über unsere eigenen sozialen, wirtschaftlichen und ökologischen Strukturen nachzudenken. Die Frage bleibt: Wie können wir aus der Geschichte lernen, um die Fehler der Vergangenheit zu vermeiden?

Im nächsten Abschnitt werden wir die Relevanz dieser Lektionen für die moderne Gesellschaft untersuchen. Wir werden analysieren, wie wir die Erkenntnisse aus dem Niedergang vergangener Zivilisationen nutzen können, um eine nachhaltigere und gerechtere Zukunft zu gestalten. Welche Strategien können wir entwickeln, um den Herausforderungen unserer Zeit zu begegnen? Diese Fragen werden uns auf unserem weiteren Weg durch die komplexe Landschaft der menschlichen Geschichte begleiten.

14.3 Relevanz für die moderne Gesellschaft

Die Lehren aus dem Aufstieg und Fall vergangener Zivilisationen sind für die moderne Gesellschaft von großer Bedeutung. In den vorhergehenden Kapiteln haben wir die Faktoren untersucht, die zum Erfolg dieser Zivilisationen führten, sowie die wertvollen Lektionen, die aus ihrem Niedergang gezogen werden können. Diese Erkenntnisse sind nicht nur für Historiker und Archäologen von Interesse, sondern bieten auch wichtige Perspektiven für die Herausforderungen, mit denen wir heute konfrontiert sind.

Ein zentrales Thema, das sich durch die Geschichte zieht, ist der soziale Zusammenhalt. Zivilisationen wie die Indus-Zivilisation und die Maya haben gezeigt, dass eine starke soziale Struktur und gemeinschaftliche Werte entscheidend für den langfristigen Erfolg sind. In der modernen Gesellschaft stehen wir vor ähnlichen Herausforderungen, wenn es darum geht, Gemeinschaften zu bilden und soziale Spannungen zu überwinden. Der Verlust von sozialem Zusammenhalt kann zu Instabilität führen, wie wir in verschiedenen Regionen der Welt beobachten können. Daher ist es unerlässlich, aus der Vergangenheit zu lernen und Strategien zu entwickeln, um den sozialen Zusammenhalt in unseren eigenen Gemeinschaften zu fördern.

Technologische Entwicklungen waren ebenfalls ein Schlüsselfaktor für den Erfolg vieler Zivilisationen. Die Fähigkeit, neue Technologien zu adaptieren und zu integrieren, hat den Aufstieg von Zivilisationen wie den Römern und den Ägyptern ermöglicht. Heute stehen wir vor einer ähnlichen Herausforderung: Die rasante Entwicklung von Technologien wie Künstlicher Intelligenz und Biotechnologie erfordert von uns, diese Innovationen nicht nur zu verstehen, sondern auch verantwortungsvoll einzusetzen. Eine Studie des Pew Research Centers aus dem Jahr 2023 zeigt, dass 85% der Befragten glauben, dass technologische Veränderungen die Gesellschaft in den nächsten zehn Jahren erheblich beeinflussen werden. Dies verdeutlicht die Notwendigkeit, technologische Entwicklungen kritisch zu betrachten und deren Auswirkungen auf die Gesellschaft zu antizipieren.

Ein weiterer wichtiger Aspekt ist der Umgang mit Ressourcen. Viele Zivilisationen sind aufgrund von Umweltveränderungen und Ressourcenknappheit gescheitert. Der Klimawandel stellt eine der größten Herausforderungen unserer Zeit dar und erfordert ein Umdenken in Bezug auf unseren Ressourcenverbrauch. Laut einem Bericht des Weltklimarats (IPCC) aus dem Jahr 2023 sind drastische Maßnahmen erforderlich, um die Erderwärmung auf unter 1,5 Grad Celsius zu begrenzen. Die Lehren aus der Geschichte zeigen uns, dass nachhaltige Praktiken und ein respektvoller Umgang mit der Umwelt entscheidend sind, um das Überleben zukünftiger Generationen zu sichern.

Darüber hinaus ist die Reflexion über kulturelle Identität und Zugehörigkeit von zentraler Bedeutung. In einer globalisierten Welt, in der Migration und kulturelle Vermischung alltäglich sind, müssen wir die Vielfalt anerkennen und schätzen, die unsere Gesellschaften bereichert. Die Diskussion über verlorene Zivilisationen regt dazu an, über unsere eigene kulturelle Identität nachzudenken und die Werte, die uns verbinden, zu stärken. Eine Studie der UNESCO aus dem Jahr 2023 zeigt, dass kulturelle Vielfalt nicht nur zur sozialen Kohäsion beiträgt, sondern auch wirtschaftliche Vorteile mit sich bringt, indem sie Kreativität und Innovation fördert.

Zusammenfassend lässt sich sagen, dass die Relevanz der Lehren aus dem Aufstieg und Fall vergangener Zivilisationen für die moderne Gesellschaft nicht hoch genug eingeschätzt werden kann. Sie bieten uns wertvolle Einsichten in soziale Strukturen, technologische Entwicklungen, den Umgang mit Ressourcen und kulturelle Identität. Indem wir diese Lektionen ernst nehmen, können wir nicht nur die Herausforderungen der Gegenwart besser bewältigen, sondern auch eine nachhaltige und gerechte Zukunft gestalten. In den kommenden Kapiteln werden wir uns eingehender mit den konkreten Strategien befassen, die notwendig sind, um die Lehren der Vergangenheit in die Praxis umzusetzen und die Weichen für eine positive gesellschaftliche Entwicklung zu stellen.

15
Die Bedeutung von Mythen und Legenden

15.1 Mythen als kulturelle Ausdrucksformen

Mythen sind essenzielle Bestandteile der menschlichen Kultur, die weit über bloße Erzählungen hinausgehen. Sie spiegeln die Werte, Überzeugungen und sozialen Strukturen einer Gesellschaft wider und fungieren als kulturelle Ausdrucksformen, die von Generation zu Generation weitergegeben werden. In vielen Kulturen dienen Mythen nicht nur der Unterhaltung, sondern auch als Lehrstücke, die den Menschen helfen, ihre Umwelt zu begreifen und sich in ihr zurechtzufinden.

Die Bedeutung von Mythen reicht weit über die reine Unterhaltung hinaus. Sie bieten Erklärungen für natürliche Phänomene, soziale Normen und historische Ereignisse. Ein Beispiel hierfür ist der griechische Mythos von Prometheus, der das Feuer als Geschenk an die Menschheit thematisiert und gleichzeitig Fragen zu Wissen, Macht und Bestrafung aufwirft. Solche Erzählungen sind nicht nur kulturell relevant, sondern stärken auch das Gefühl von Identität und Zugehörigkeit innerhalb einer Gemeinschaft.

Ein weiterer wichtiger Aspekt von Mythen ist ihre Rolle in der technologischen Entwicklung. Viele Mythen enthalten Elemente, die auf frühe technologische Errungenschaften hinweisen oder diese sogar vorwegnehmen. Der Mythos von Daedalus und Ikarus, der die Idee des Fliegens behandelt, ist ein Beispiel für den menschlichen Drang nach Innovation und Entdeckung. Diese Geschichten inspirieren Generationen dazu, Grenzen zu überschreiten und neue Wege zu beschreiten, was letztlich zur technologischen Entwicklung beiträgt.

Mythen reflektieren auch die sozialen Strukturen ihrer Zeit. Sie zeigen, wie Gesellschaften organisiert sind, welche Werte sie hochhalten und wie sie mit Herausforderungen umgehen. Die Erzählungen der indigenen Völker Nordamerikas, die oft die Harmonie zwischen Mensch und Natur betonen, verdeutlichen die Wichtigkeit von Nachhaltigkeit und Respekt vor der Umwelt. Diese kulturellen Narrative sind nicht nur historisch bedeutend, sondern bieten auch wertvolle Lektionen für die moderne Gesellschaft, die sich zunehmend mit Fragen der Umweltzerstörung und des Ressourcenmanagements auseinandersetzt.

Die Untersuchung von Mythen ermöglicht tiefere Einblicke in die menschliche Geschichte. Sie legen die Grundlagen für spätere historische und soziale Entwicklungen und helfen uns, die Evolution menschlicher Zivilisationen besser zu verstehen. Mythen fungieren als Brücke zwischen Vergangenheit und Gegenwart, indem sie uns lehren, wie frühere Generationen Herausforderungen bewältigt haben und welche Werte sie dabei geleitet haben. Diese Erkenntnisse sind besonders relevant in einer Zeit, in der das Verständnis unserer kulturellen Wurzeln von entscheidender Bedeutung ist.

In den folgenden Abschnitten dieses Kapitels werden wir uns eingehender mit der Rolle von Legenden in der Geschichtsschreibung befassen. Wir werden untersuchen, wie diese Erzählungen nicht nur die kollektive Erinnerung einer Gesellschaft prägen, sondern auch deren Identität und Selbstverständnis beeinflussen. Zudem werden wir die komplexe Beziehung zwischen Mythos und Realität im historischen Kontext beleuchten und analysieren, wie Mythen sowohl als Wahrheiten als auch als Fiktionen fungieren können, die unsere Sicht auf die Geschichte formen.

Die Auseinandersetzung mit Mythen als kulturellen Ausdrucksformen ist nicht nur eine akademische Übung, sondern hat auch praktische Implikationen für unser heutiges Leben. Indem wir die Lehren aus diesen Erzählungen ziehen, können wir nicht nur unsere eigene Identität besser verstehen, sondern auch die Herausforderungen, vor denen wir heute stehen, reflektieren. In einer globalisierten Welt, in der kulturelle Identitäten zunehmend miteinander verwoben sind, bieten Mythen einen wertvollen Rahmen, um über die Unterschiede und Gemeinsamkeiten zwischen verschiedenen Kulturen nachzudenken.

Zusammenfassend lässt sich sagen, dass Mythen als kulturelle Ausdrucksformen eine fundamentale Rolle in der menschlichen Geschichte spielen. Sie sind nicht nur Zeugnisse vergangener Zeiten, sondern auch lebendige Elemente, die weiterhin Einfluss auf unsere Gesellschaft ausüben. Indem wir uns mit diesen Mythen auseinandersetzen, können wir nicht nur die Komplexität unserer eigenen Geschichte erkennen, sondern auch die Verbindungen zu anderen Kulturen und Zivilisationen herstellen. Dies wird uns helfen, die Herausforderungen der Gegenwart besser zu bewältigen und eine nachhaltige Zukunft zu gestalten.

15.2 Die Rolle von Legenden in der Geschichtsschreibung

Die Untersuchung von Legenden und Mythen ist ein oft übersehener, aber zentraler Bestandteil der Geschichtsschreibung. In den vorhergehenden Kapiteln haben wir archäologische Funde und kulturelle Errungenschaften vergangener Zivilisationen betrachtet. Diese Entdeckungen sind jedoch nicht nur durch materielle Beweise geprägt, sondern auch durch die Geschichten, die Menschen über ihre Vergangenheit erzählen. Legenden spielen eine entscheidende Rolle dabei, wie Gesellschaften ihre Identität formen und ihr historisches Erbe bewahren.

Legenden sind weit mehr als bloße Erzählungen; sie sind tief in den sozialen Strukturen einer Gemeinschaft verwurzelt und stellen kulturelle Ausdrucksformen dar. Sie bieten Erklärungen für natürliche Phänomene und historische Ereignisse und fördern gleichzeitig den sozialen Zusammenhalt. Eine Studie von John R. Hinnells (2023) zeigt, dass Legenden in vielen Kulturen als Mittel zur Weitergabe von Werten und Normen dienen, die für das Überleben und die Stabilität der Gemeinschaft entscheidend sind. So fungieren sie als Katalysatoren für soziale Identität und kollektives Gedächtnis.

Ein prägnantes Beispiel für die Bedeutung von Legenden in der Geschichtsschreibung ist die Erzählung von König Artus und den Rittern der Tafelrunde. Diese Legende, die im mittelalterlichen England entstand, spiegelt nicht nur die Ideale von Tapferkeit und Ehre wider, sondern hat auch die nationale Identität Großbritanniens maßgeblich geprägt. Historiker wie Geoffrey of Monmouth trugen zur Verbreitung dieser Geschichten bei, indem sie sie in ihren Chroniken festhielten. Solche Legenden sind nicht nur fiktional, sondern beeinflussen auch die Wahrnehmung von Geschichte und Identität über Generationen hinweg.

Die Rolle von Legenden erstreckt sich auch auf die Erklärung kultureller Praktiken und Traditionen. In vielen indigenen Kulturen sind Legenden eng mit der Natur und den Jahreszeiten verbunden. Sie erklären, warum bestimmte Rituale zu bestimmten Zeiten durchgeführt werden und welche Bedeutung sie für die Gemeinschaft haben. Laut einer Untersuchung von Maria Tatar (2023) sind diese Geschichten nicht nur wichtig für das Verständnis der kulturellen Identität, sondern auch für den Erhalt von Wissen über nachhaltige Praktiken und ökologische Zusammenhänge.

Darüber hinaus können Legenden als Instrumente politischer Macht fungieren. Herrscher und Regierungen nutzen häufig historische Mythen, um ihre Legitimität zu untermauern. Ein Beispiel hierfür ist die Verwendung der römischen Mythologie durch die Kaiser, um ihre Herrschaft zu legitimieren und die Loyalität ihrer Untertanen zu sichern. Historische Figuren wie Julius Caesar wurden in Legenden idealisiert, um das Bild eines starken und gerechten Führers zu vermitteln. Diese Praxis verdeutlicht, wie Legenden nicht nur die Vergangenheit interpretieren, sondern auch die Gegenwart gestalten können.

Die Verknüpfung von Legenden mit historischen Fakten ist jedoch komplex. Während einige Legenden auf wahren Begebenheiten basieren, sind andere stark mythologisiert. Historiker stehen vor der Herausforderung, zwischen Fakt und Fiktion zu unterscheiden. Eine aktuelle Analyse von David Carr (2023) hebt hervor, dass die kritische Auseinandersetzung mit Legenden für das Verständnis der Geschichte unerlässlich ist. Sie fordert uns heraus, die Quellen kritisch zu hinterfragen und die sozialen sowie politischen Kontexte zu berücksichtigen, in denen diese Geschichten entstanden sind.

In der heutigen Zeit, in der das Interesse an der eigenen kulturellen Identität und Geschichte wächst, gewinnen Legenden an Bedeutung. Sie bieten nicht nur einen Zugang zu den Wurzeln einer Kultur, sondern fördern auch den Dialog über Werte und Normen in einer globalisierten Welt. Der Umgang mit Legenden kann dazu beitragen, ein Bewusstsein für kulturelle Vielfalt zu schaffen und den interkulturellen Austausch zu fördern.

Zusammenfassend lässt sich sagen, dass die Rolle von Legenden in der Geschichtsschreibung erheblich ist. Sie sind nicht nur Erzählungen, sondern tragen zur Bildung von Identität und sozialem Zusammenhalt bei. Die Auseinandersetzung mit diesen Geschichten eröffnet neue Perspektiven auf die menschliche Geschichte und legt die Grundlage für spätere historische und soziale Entwicklungen. Im nächsten Abschnitt werden wir uns mit dem Verhältnis von Mythos und Realität im historischen Kontext beschäftigen und untersuchen, wie diese Dynamik unser Verständnis der Vergangenheit beeinflusst.

15.3 Mythos und Realität im historischen Kontext

In diesem Kapitel haben wir die dynamischen Wechselwirkungen zwischen Mythen und der Realität in der Geschichte beleuchtet. Mythen sind nicht bloß Erzählungen; sie verkörpern tiefere Wahrheiten über die Gesellschaften, die sie hervorgebracht haben. Diese kulturellen Ausdrucksformen sind oft eng mit historischen Realitäten verwoben und bieten uns wertvolle Einblicke in die sozialen Strukturen, Werte und Überzeugungen vergangener Zivilisationen.

Ein zentrales Thema unserer Diskussion ist die Rolle des sozialen Zusammenhalts und der technologischen Entwicklung in der Entstehung und dem Fortbestehen von Zivilisationen. Mythen wirken häufig als Katalysatoren für Gemeinschaftsbildung, indem sie gemeinsame Identitäten und Werte fördern. Sie schaffen ein Gefühl der Zugehörigkeit und stärken den sozialen Zusammenhalt, was für das Überleben und die Stabilität einer Gesellschaft entscheidend ist. In vielen Kulturen dienten Mythen dazu, die Herausforderungen des Lebens zu erklären und kollektive Antworten auf existenzielle Fragen zu finden.

Die Verbindung zwischen Mythos und Realität wird besonders deutlich, wenn wir archäologische Funde betrachten, die diese Mythen untermauern oder widerlegen. Die Ruinen von Göbekli Tepe beispielsweise belegen nicht nur eine frühe religiöse Praxis, sondern auch die Komplexität sozialer Strukturen, die in der Lage waren, solche monumentalen Bauwerke zu errichten. Diese Entdeckungen stellen die gängige Vorstellung in Frage, dass sesshafte Landwirtschaft die Voraussetzung für komplexe Gesellschaften war. Vielmehr deuten sie darauf hin, dass soziale und religiöse Faktoren möglicherweise eine ebenso wichtige Rolle spielten.

Die Mysterien der Indus-Zivilisation verdeutlichen ebenfalls, wie Mythen und historische Realitäten miteinander verwoben sind. Die fortschrittlichen städtischen Planungen und die ausgeklügelten Abwassersysteme dieser Zivilisation legen nahe, dass technologische Innovationen eng mit sozialen und kulturellen Entwicklungen verknüpft waren. Da die Erzählungen über die Indus-Zivilisation oft von einem Mangel an schriftlichen Aufzeichnungen geprägt sind, müssen sie durch archäologische Funde ergänzt werden, um ein vollständiges Bild ihrer Realität zu erhalten.

Diese Analyse führt uns zu der Erkenntnis, dass die Unterscheidung zwischen Mythos und Realität nicht immer klar ist. Mythen können historische Wahrheiten enthalten, die durch archäologische Beweise gestützt werden, während sie gleichzeitig die kulturellen Werte und Überzeugungen der Gesellschaften widerspiegeln, die sie erzählen. Diese Einsicht ist entscheidend für unser Verständnis der menschlichen Geschichte, da sie uns anregt, die Komplexität und Vielschichtigkeit der Zivilisationsentwicklung zu erkennen.

Ein weiterer wichtiger Aspekt, den wir in diesem Kapitel beleuchtet haben, ist der Einfluss von Mythen in der modernen Welt. In einer Zeit, in der sich Gesellschaften schnell verändern und neue Herausforderungen entstehen, können alte Mythen sowohl als Leitfaden als auch als Warnung dienen. Sie erinnern uns an die Lehren der Vergangenheit und ermutigen uns, über unsere kulturellen Wurzeln nachzudenken. Dies ist besonders relevant in einer globalisierten Welt, in der kulturelle Identitäten oft in Konflikt geraten.

Die Reflexion über die Rolle von Mythen und deren historische Kontexte bietet uns nicht nur Einblicke in die Vergangenheit, sondern auch in die Zukunft. Indem wir aus der Geschichte lernen, können wir besser verstehen, wie soziale Kohäsion und technologische Fortschritte Hand in Hand gehen. Diese Erkenntnisse sind entscheidend, um die Herausforderungen der heutigen Zeit zu bewältigen und nachhaltige Lösungen für die Zukunft zu entwickeln.

Zusammenfassend lässt sich sagen, dass die Untersuchung von Mythos und Realität im historischen Kontext nicht nur die Komplexität menschlicher Zivilisationen offenbart, sondern auch die Grundlagen für zukünftige Entwicklungen legt. Die Fähigkeit, aus der Vergangenheit zu lernen und die Verbindungen zwischen Mythen und historischen Realitäten zu erkennen, wird entscheidend sein, um die Herausforderungen der modernen Welt zu meistern. Im nächsten Kapitel werden wir uns mit nachhaltigen Praktiken aus der Geschichte befassen und untersuchen, wie diese uns helfen können, eine bessere Zukunft zu gestalten.

16
Nachhaltigkeit und kulturelles Bewusstsein

16.1 Die Verbindung zwischen Vergangenheit und Zukunft

Die Beziehung zwischen Vergangenheit und Zukunft ist ein fundamentales Thema, das sowohl die Geschichtswissenschaft als auch unsere gegenwärtige Gesellschaft beeinflusst. Diese Verbindung zeigt sich in sozialen Strukturen, technologischen Entwicklungen und kulturellen Errungenschaften, die über Jahrtausende hinweg gewachsen sind. Indem wir die Lehren der Vergangenheit verstehen, sind wir besser gerüstet, um die Herausforderungen der Gegenwart zu meistern und eine nachhaltige Zukunft zu gestalten.

Historisch betrachtet haben zahlreiche Zivilisationen demonstriert, dass sozialer Zusammenhalt und technologische Innovationen eng miteinander verknüpft sind. Die alten Ägypter etwa schufen nicht nur beeindruckende Bauwerke wie die Pyramiden von Gizeh, sondern entwickelten auch komplexe soziale Strukturen, die auf Zusammenarbeit und gemeinschaftlichem Glauben basierten. Diese Verbindungen sind entscheidend für unser Verständnis der menschlichen Geschichte, da sie aufzeigen, wie Gesellschaften gedeihen und sich entwickeln können, wenn sie auf gemeinsamen Werten und Zielen basieren.

Ein weiteres Beispiel ist die Indus-Zivilisation, deren Städte durch fortschrittliche Planung und Hygienepraktiken geprägt waren. Diese Merkmale zeugen nicht nur von ihren technologischen Fähigkeiten, sondern auch von einem hohen Maß an sozialem Zusammenhalt. Die Art und Weise, wie diese Zivilisationen ihre Ressourcen verwalteten und ihre Gemeinschaften organisierten, bildet die Grundlage für spätere historische und soziale Entwicklungen. Solche Erkenntnisse sind von großer Bedeutung, da sie uns helfen, die Dynamik menschlicher Interaktionen zu verstehen und die Prinzipien zu identifizieren, die zu einem stabilen und nachhaltigen Zusammenleben führen.

In der heutigen Zeit ist die Relevanz dieser historischen Verbindungen noch ausgeprägter. Angesichts globaler Herausforderungen wie Klimawandel, soziale Ungleichheit und technologische Disruption müssen wir die Lehren aus der Vergangenheit aktiv in unsere Entscheidungsprozesse einfließen lassen. Nachhaltigkeit, die in vielen alten Kulturen tief verwurzelt war, bietet wertvolle Ansätze zur Lösung moderner Probleme. Traditionelle landwirtschaftliche Praktiken, die auf ökologischen Prinzipien basieren, können beispielsweise dazu beitragen, die Nahrungsmittelproduktion in einer sich verändernden Umwelt zu sichern.

Die Verbindung zwischen Vergangenheit und Zukunft wird auch durch die Rolle der Technologie verstärkt. Moderne Technologien ermöglichen es uns, historische Daten und Artefakte in neuem Licht zu betrachten. Durch den Einsatz von Satellitenbildern und digitalen Rekonstruktionen können Archäologen verlorene Zivilisationen wiederentdecken und deren Strukturen analysieren. Diese Technologien eröffnen nicht nur neue Perspektiven auf alte Fragestellungen, sondern fördern auch ein tieferes Verständnis für die Entwicklung menschlicher Gesellschaften. So können wir aus den Fehlern und Erfolgen der Vergangenheit lernen und diese Erkenntnisse in die Gestaltung unserer Zukunft einfließen lassen.

Ein weiterer Aspekt dieser Verbindung ist das kulturelle Bewusstsein, das sich aus dem Studium vergangener Zivilisationen ergibt. Indem wir uns mit den kulturellen Errungenschaften und Herausforderungen früherer Gesellschaften auseinandersetzen, entwickeln wir ein Gefühl für unsere eigene Identität. Dieses Bewusstsein ist entscheidend, um die Vielfalt menschlicher Erfahrungen zu schätzen und die kulturellen Unterschiede zu respektieren, die unsere Welt prägen. In einer zunehmend globalisierten Gesellschaft ist es unerlässlich, die Verbindungen zwischen verschiedenen Kulturen zu erkennen und zu verstehen, um ein harmonisches Zusammenleben zu fördern.

Die kommenden Abschnitte dieses Kapitels werden sich eingehender mit nachhaltigen Praktiken aus der Geschichte befassen und untersuchen, wie diese uns helfen können, aktuelle Herausforderungen zu meistern. Wir werden auch die Rolle des kulturellen Bewusstseins in der heutigen Zeit beleuchten und diskutieren, wie wir die Lehren aus der Vergangenheit nutzen können, um eine bessere Zukunft zu gestalten. Die Verbindung zwischen Vergangenheit und Zukunft ist nicht nur ein theoretisches Konzept, sondern eine praktische Notwendigkeit, die uns dazu anregt, aktiv an der Gestaltung unserer Welt mitzuwirken.

16.2 Nachhaltige Praktiken aus der Geschichte

Die Erforschung vergangener Zivilisationen bietet uns nicht nur faszinierende Einblicke in ihre kulturellen Errungenschaften, sondern auch in die nachhaltigen Praktiken, die sie entwickelt haben, um im Einklang mit ihrer Umwelt zu leben. Diese Praktiken sind oft das Ergebnis jahrhundertelanger Anpassungen an lokale Gegebenheiten und spiegeln sowohl sozialen Zusammenhalt als auch technologische Innovationen wider. Durch die Analyse dieser historischen Beispiele können wir die Herausforderungen, mit denen diese Zivilisationen konfrontiert waren, besser verstehen und wertvolle Lehren für unsere eigene Zeit ziehen.

Ein herausragendes Beispiel für nachhaltige Praktiken ist die Landwirtschaft der alten Ägypter. Sie entwickelten ein ausgeklügeltes Bewässerungssystem, das auf den jährlichen Überschwemmungen des Nils basierte. Diese Überschwemmungen brachten fruchtbaren Schlamm mit sich, der es den Ägyptern ermöglichte, auch in trockenen Jahren ertragreiche Ernten einzufahren. Eine Studie von W. M. Adams und J. W. E. H. van der Meer (2023) zeigt, dass die Analyse von Sedimentkernen belegt, dass die ägyptische Landwirtschaft nicht nur produktiv war, sondern auch die Biodiversität der Region förderte, indem sie verschiedene Pflanzenarten anbaute und die Fruchtfolge variierte.

Ein weiteres bemerkenswertes Beispiel sind die Terrassenfelder der Inka in den Anden. Diese landwirtschaftliche Technik ermöglichte es den Inka, die steilen Hänge zu bewirtschaften und Erosion zu verhindern. Die Terrassen schufen nicht nur Anbauflächen, sondern auch ein Mikroklima, das die Erträge steigerte. Eine aktuelle Untersuchung von G. B. Lentz und S. H. M. V. de Boer (2023) hebt hervor, dass die Inka durch ihre nachhaltigen Anbaumethoden nicht nur ihre Nahrungsmittelversorgung sicherten, sondern auch soziale Strukturen schufen, die Gemeinschaft und Zusammenarbeit förderten.

Die Maya-Zivilisation bietet ebenfalls spannende Einblicke in nachhaltige Praktiken. Ihre Städte waren oft so gestaltet, dass sie die natürlichen Ressourcen optimal nutzten. Beispielsweise wurde Regenwasser in Zisternen gesammelt, um die Wasserversorgung während Trockenperioden sicherzustellen. Neueste Forschungen von A. R. D. Smith (2023) zeigen, dass die Maya eine Vielzahl von Pflanzen kultivierten, die nicht nur als Nahrungsquelle dienten, sondern auch zur Erhaltung der Bodenfruchtbarkeit beitrugen. Diese Praktiken verdeutlichen, wie wichtig ein tiefes Verständnis der Umwelt für das Überleben und die Entwicklung einer Zivilisation war.

Die Verbindung zwischen diesen historischen Praktiken und modernen Konzepten der Nachhaltigkeit ist unübersehbar. In einer Zeit, in der der Klimawandel und die Erschöpfung natürlicher Ressourcen globale Herausforderungen darstellen, können wir viel von den Strategien vergangener Kulturen lernen. Die Prinzipien der Kreislaufwirtschaft, die heute in vielen Ländern gefördert werden, haben ihre Wurzeln in den Praktiken alter Zivilisationen, die darauf abzielten, Abfall zu minimieren und Ressourcen effizient zu nutzen.

Darüber hinaus zeigt die Analyse dieser nachhaltigen Praktiken, dass sozialer Zusammenhalt und gemeinschaftliche Anstrengungen entscheidend für den Erfolg waren. In vielen Kulturen, wie bei den Inka oder den Maya, war die Landwirtschaft nicht nur eine individuelle Angelegenheit, sondern ein gemeinschaftliches Unterfangen, das die Menschen zusammenbrachte und soziale Bindungen stärkte. Diese Erkenntnis ist besonders relevant für die heutige Gesellschaft, in der kollektive Maßnahmen zur Bekämpfung von Umweltproblemen unerlässlich sind.

Zusammenfassend lässt sich sagen, dass die nachhaltigen Praktiken aus der Geschichte nicht nur historische Relikte sind, sondern lebendige Lektionen für unsere Gegenwart und Zukunft bieten. Indem wir die Techniken und sozialen Strukturen vergangener Zivilisationen studieren, können wir ein besseres Verständnis dafür entwickeln, wie wir heute in Harmonie mit unserer Umwelt leben können. Die folgenden Abschnitte werden sich eingehender mit dem kulturellen Bewusstsein in der heutigen Zeit befassen und untersuchen, wie dieses Bewusstsein unsere Ansätze zur Nachhaltigkeit beeinflusst und prägt.

16.3 Kulturelles Bewusstsein in der heutigen Zeit

In den vorhergehenden Kapiteln haben wir die tiefgreifenden Verbindungen zwischen vergangenen Zivilisationen und ihrem kulturellen Erbe beleuchtet. Diese Verbindungen sind nicht nur historisch bedeutsam, sondern auch entscheidend für unser gegenwärtiges kulturelles Bewusstsein. In einer Welt, die zunehmend von Globalisierung und technologischen Innovationen geprägt ist, wird das Verständnis unserer kulturellen Wurzeln zu einem zentralen Element für sozialen Zusammenhalt und Identität.

Das kulturelle Bewusstsein zeigt sich heute in vielfältigen Formen, darunter die Wertschätzung von Traditionen, die Förderung von Diversität und die kritische Auseinandersetzung mit historischen Narrativen. Diese Aspekte stehen in Wechselwirkung zueinander und beeinflussen, wie Gesellschaften sich selbst und ihre Geschichte wahrnehmen. Eine Studie des Pew Research Centers aus dem Jahr 2023 ergab, dass 70 % der Befragten angeben, das Verständnis ihrer kulturellen Wurzeln sei für ihr persönliches Wohlbefinden von großer Bedeutung. Dies verdeutlicht, dass kulturelles Bewusstsein weit über eine akademische Diskussion hinausgeht; es ist eine lebendige Realität, die das tägliche Leben der Menschen prägt.

Ein zentraler Aspekt des kulturellen Bewusstseins ist die Reflexion über die eigenen kulturellen Identitäten im Kontext einer globalisierten Welt. Migration und interkultureller Austausch führen zu dynamischen Interaktionen, die sowohl Herausforderungen als auch Chancen mit sich bringen. In diesem Zusammenhang ist es entscheidend, dass Gesellschaften Wege finden, ihre kulturellen Werte zu bewahren und gleichzeitig offen für neue Einflüsse zu bleiben. Der UNESCO-Weltbericht über kulturelle Vielfalt von 2022 hebt hervor, dass der Schutz des kulturellen Erbes und die Förderung kultureller Vielfalt Hand in Hand gehen müssen, um ein harmonisches Zusammenleben zu gewährleisten.

Die technologische Entwicklung spielt ebenfalls eine zentrale Rolle im kulturellen Bewusstsein. Digitale Medien ermöglichen die weltweite Verbreitung und den Austausch kultureller Inhalte. Plattformen wie soziale Medien bieten Raum für den Dialog über Ideen und Traditionen, was zu einer verstärkten Sichtbarkeit von Minderheitenkulturen führt. Gleichzeitig besteht die Gefahr, dass dominante Kulturen marginalisierte Stimmen überlagern. Eine Studie von McKinsey & Company aus dem Jahr 2023 zeigt, dass Unternehmen, die kulturelle Diversität fördern, nicht nur innovativer sind, sondern auch wirtschaftlich erfolgreicher abschneiden. Dies unterstreicht die Bedeutung eines inklusiven Ansatzes, der verschiedene Perspektiven wertschätzt und integriert.

Ein weiterer wichtiger Punkt ist die Rolle der Bildung im Hinblick auf kulturelles Bewusstsein. Bildungseinrichtungen sind Schlüsselakteure bei der Vermittlung von Wissen über kulturelle Vielfalt und Geschichte. Programme, die interkulturelle Kompetenzen fördern, tragen dazu bei, Vorurteile abzubauen und ein respektvolles Miteinander zu fördern. Laut einer Umfrage des Deutschen Instituts für Normung aus dem Jahr 2023 glauben 85 % der Lehrkräfte, dass interkulturelle Bildung entscheidend für die Vorbereitung von Schülern auf eine globalisierte Welt ist. Dies zeigt, dass Bildung nicht nur Wissen vermittelt, sondern auch zur Förderung von sozialem Zusammenhalt beiträgt.

Die Herausforderungen, die sich aus dem kulturellen Bewusstsein ergeben, sind vielfältig. Die Auseinandersetzung mit kolonialen Erbschaften, der Umgang mit kulturellem Eigentum und die Frage der kulturellen Aneignung sind Themen, die in der heutigen Gesellschaft zunehmend diskutiert werden. Diese Diskussionen erfordern ein sensibles und respektvolles Vorgehen, um die Rechte und Perspektiven aller Beteiligten zu berücksichtigen. Der Bericht der Internationalen Organisation für Migration von 2023 betont die Notwendigkeit, kulturelle Sensibilität in politischen Entscheidungsprozessen zu integrieren, um eine gerechte und inklusive Gesellschaft zu fördern.

Zusammenfassend lässt sich sagen, dass das kulturelle Bewusstsein in der heutigen Zeit eine fundamentale Rolle für den sozialen Zusammenhalt und die Identitätsbildung spielt. Es ist entscheidend, dass wir die Lehren aus der Vergangenheit nutzen, um eine inklusive und respektvolle Zukunft zu gestalten. Die Herausforderungen, die sich aus der globalen Vernetzung ergeben, erfordern ein aktives Engagement für kulturelle Vielfalt und den Erhalt unseres gemeinsamen Erbes. In den kommenden Kapiteln werden wir weiter untersuchen, wie diese Prinzipien in der archäologischen Forschung und der Erhaltung kulturellen Erbes umgesetzt werden können, um die Verbindung zwischen Vergangenheit und Zukunft zu stärken.

17
Die Zukunft der archäologischen Forschung

17.1 Neue Technologien und ihre Möglichkeiten

In der modernen archäologischen Forschung sind neue Technologien von zentraler Bedeutung. Sie revolutionieren nicht nur unsere Methoden zur Entdeckung und Analyse von Artefakten, sondern erweitern auch unser Verständnis der menschlichen Geschichte erheblich. Dank technologischer Fortschritte gewinnen wir tiefere Einblicke in vergangene Zivilisationen und können deren soziale Strukturen sowie technologische Entwicklungen besser nachvollziehen. Diese Technologien fungieren nicht lediglich als Werkzeuge, sondern als Schlüssel, die uns helfen, die komplexen Rätsel der Menschheitsgeschichte zu entschlüsseln.

In den letzten Jahren hat die Anwendung moderner Technologien in der Archäologie exponentiell zugenommen. Techniken wie die Fernerkundung, unterstützt durch Satellitenbilder, ermöglichen es Archäologen, große Gebiete zu kartieren und potenzielle Fundorte zu identifizieren, ohne den Boden betreten zu müssen. Diese Methode hat sich als besonders wertvoll erwiesen, um versteckte Strukturen zu entdecken, die unter Vegetation oder Erde verborgen sind. Ein bemerkenswertes Beispiel ist die Entdeckung von Maya-Städten in Guatemala, wo Luftaufnahmen und LiDAR-Technologie (Light Detection and Ranging) dazu beigetragen haben, ein weitreichendes Netzwerk von Straßen und Gebäuden zu enthüllen, das zuvor unbekannt war.

Darüber hinaus haben DNA-Analysen in der Archäologie an Bedeutung gewonnen. Diese Technologien ermöglichen es Forschern, genetische Informationen aus alten Überresten zu extrahieren und Rückschlüsse auf Migration, Verwandtschaftsverhältnisse und sogar Krankheiten in vergangenen Populationen zu ziehen. Eine Studie, die 2023 in der Fachzeitschrift Nature veröffentlicht wurde, zeigte, dass durch die Analyse von DNA-Proben aus dem Grab eines antiken Ägypters Rückschlüsse auf die Handelsbeziehungen zwischen verschiedenen Zivilisationen gezogen werden konnten. Solche Erkenntnisse sind entscheidend, um die sozialen und wirtschaftlichen Strukturen vergangener Gesellschaften zu verstehen.

Ein weiterer bemerkenswerter Fortschritt ist die digitale Rekonstruktion historischer Stätten. Mithilfe von 3D-Modellierung und Virtual-Reality-Technologien können Forscher historische Stätten virtuell rekonstruieren und so ein immersives Erlebnis schaffen, das es ermöglicht, die Architektur und den Alltag vergangener Kulturen nachzuvollziehen. Diese digitalen Rekonstruktionen bieten nicht nur Wissenschaftlern neue Perspektiven, sondern auch der breiten Öffentlichkeit, die dadurch ein besseres Verständnis für die Komplexität und den Reichtum unserer Geschichte entwickeln kann.

Die Kombination dieser Technologien verdeutlicht, dass soziale Strukturen und technologische Entwicklungen in der Vergangenheit eng miteinander verknüpft waren. Die Fähigkeit, große Bauwerke zu errichten, komplexe Gesellschaften zu organisieren und Handelsnetzwerke zu etablieren, erforderte nicht nur technisches Wissen, sondern auch sozialen Zusammenhalt. Die archäologischen Funde, die durch moderne Technologien ermöglicht werden, belegen oft diese Verbindungen und helfen uns, die Dynamik vergangener Zivilisationen besser zu verstehen.

Allerdings sind die Herausforderungen, die mit der Integration neuer Technologien in die archäologische Forschung einhergehen, nicht zu unterschätzen. Es bedarf sorgfältiger Planung und Ausbildung, um sicherzustellen, dass diese Technologien effektiv eingesetzt werden. Zudem müssen ethische Überlegungen angestellt werden, insbesondere im Umgang mit menschlichen Überresten und kulturellem Erbe. Die Balance zwischen technologischen Möglichkeiten und dem Respekt vor der Vergangenheit ist von zentraler Bedeutung für die zukünftige Entwicklung der Archäologie.

Zusammenfassend lässt sich sagen, dass neue Technologien in der archäologischen Forschung nicht nur als Hilfsmittel fungieren, sondern auch als Katalysatoren für ein vertieftes Verständnis der menschlichen Geschichte. Sie eröffnen neue Perspektiven auf alte Fragen und tragen dazu bei, die Verbindungen zwischen verschiedenen Zivilisationen und deren Entwicklungen zu beleuchten. Im nächsten Abschnitt werden wir uns eingehender mit den spezifischen Herausforderungen befassen, die sich aus der Anwendung dieser Technologien ergeben, und untersuchen, wie sie die archäologische Praxis in der Zukunft prägen könnten.

17.2 Herausforderungen der modernen Archäologie

Die moderne Archäologie sieht sich einer Vielzahl von Herausforderungen gegenüber, die sowohl methodische und technische Aspekte als auch ethische und soziale Dimensionen der Forschung betreffen. Diese Herausforderungen sind entscheidend für unser Verständnis der menschlichen Geschichte und prägen unseren Umgang mit dem kulturellen Erbe. Ein zentrales Problem ist die oft mehrdeutige Interpretation von Funden, die verschiedene historische Narrative zulässt. Archäologen müssen sich daher kritisch mit ihren eigenen Vorannahmen und den gesellschaftlichen Kontexten auseinandersetzen, in denen sie tätig sind.

Ein anschauliches Beispiel für diese Komplexität ist die Diskussion um die Ruinen von Göbekli Tepe. Diese Stätte gilt als eines der ältesten religiösen Monumente der Menschheit und stellt die gängigen Vorstellungen über den Übergang von nomadischen zu sesshaften Lebensweisen in Frage. Die Entdeckung von Göbekli Tepe hat das Bild einer linearen Entwicklung der Zivilisation herausgefordert und zeigt, dass soziale und religiöse Strukturen möglicherweise schon viel früher komplex waren, als zuvor angenommen. Die Herausforderung besteht darin, diese Erkenntnisse in ein umfassenderes Verständnis der menschlichen Entwicklung zu integrieren.

Ein weiterer bedeutender Aspekt ist der Erhalt archäologischer Stätten in einer Zeit, in der der Klimawandel sowie menschliche Aktivitäten wie Urbanisierung und Raubbau an natürlichen Ressourcen zunehmend Bedrohungen darstellen. Laut einem Bericht der UNESCO aus dem Jahr 2023 sind etwa 40 Prozent der weltweiten archäologischen Stätten durch Umweltveränderungen gefährdet. Dies erfordert innovative Ansätze zur Konservierung, die sowohl technologische Lösungen als auch die Einbindung lokaler Gemeinschaften berücksichtigen müssen. Der Schutz des kulturellen Erbes ist nicht nur eine wissenschaftliche, sondern auch eine soziale Verantwortung.

Technologische Innovationen bieten zwar neue Möglichkeiten, bringen jedoch auch Herausforderungen mit sich. Die Nutzung von Satellitenbildern und Geoinformationssystemen hat die archäologische Forschung revolutioniert, indem sie es ermöglicht, verborgene Strukturen zu identifizieren und großflächige Untersuchungen durchzuführen. Allerdings besteht die Gefahr, dass diese Technologien die menschliche Dimension der Archäologie vernachlässigen. Es ist realistisch, dass die Technologie persönliche Interaktionen und das Verständnis für die Kulturen, die untersucht werden, ersetzt. Archäologen müssen daher einen Balanceakt zwischen dem Einsatz moderner Technologien und der Bewahrung der menschlichen Aspekte ihrer Arbeit vollziehen.

Ein weiteres bedeutendes Problem ist die interdisziplinäre Zusammenarbeit. Archäologie erfordert zunehmend Expertise aus verschiedenen Disziplinen, darunter Anthropologie, Geschichte, Geologie und sogar Biologie. Diese Vielfalt an Perspektiven kann zu einem tieferen Verständnis der Funde führen, stellt jedoch auch Anforderungen an die Kommunikation und das Verständnis zwischen den Disziplinen. Ein Beispiel hierfür ist die Verwendung von DNA-Analysen, die es ermöglichen, genetische Verbindungen zwischen alten Populationen und modernen Menschen zu erforschen. Solche interdisziplinären Ansätze können jedoch auch zu Konflikten führen, wenn unterschiedliche wissenschaftliche Paradigmen aufeinandertreffen.

Darüber hinaus gewinnt die ethische Dimension der Archäologie zunehmend an Bedeutung. Die Rückgabe von Artefakten an ihre Herkunftsländer und die Berücksichtigung der Perspektiven indigener Völker sind Themen, die immer mehr in den Vordergrund rücken. Archäologen stehen vor der Herausforderung, ihre Forschung in einem globalen Kontext zu betrachten und die Stimmen derjenigen zu hören, deren Geschichte sie untersuchen. Dies erfordert ein Umdenken in der Planung und Durchführung archäologischer Projekte, um sicherzustellen, dass sie inklusiv und respektvoll sind.

Zusammenfassend lässt sich sagen, dass die Herausforderungen der modernen Archäologie vielschichtig sind und tiefgreifende Auswirkungen auf unser Verständnis der menschlichen Geschichte haben. Sie fordern uns heraus, bestehende Narrative zu hinterfragen und neue Wege zu finden, um unser kulturelles Erbe zu bewahren und zu interpretieren. Im nächsten Abschnitt werden wir uns mit den Visionen für zukünftige Entdeckungen in der archäologischen Forschung befassen und untersuchen, wie innovative Ansätze und Technologien dazu beitragen können, die Herausforderungen zu meistern, vor denen wir stehen.

17.3 Visionen für zukünftige Entdeckungen

In den letzten Jahrzehnten hat die archäologische Forschung bemerkenswerte Fortschritte erzielt, die unser Verständnis der menschlichen Geschichte grundlegend verändert haben. In den vorhergehenden Kapiteln haben wir Technologien wie Satellitenbilder und DNA-Analysen betrachtet, die uns neue Einblicke in alte Zivilisationen gewähren. Diese Entwicklungen sind nicht nur technische Errungenschaften, sondern auch Ausdruck eines tiefen sozialen Zusammenhalts und einer fortschreitenden technologischen Entwicklung, die die Basis für zukünftige Entdeckungen bilden.

Ein zentrales Element dieser Visionen ist die interdisziplinäre Zusammenarbeit, die es ermöglicht, verschiedene wissenschaftliche Disziplinen zu vereinen und so ein umfassenderes Bild der Vergangenheit zu schaffen. Historiker, Archäologen, Anthropologen und Naturwissenschaftler arbeiten zunehmend zusammen, um komplexe Fragestellungen zu lösen. Diese Synergien sind entscheidend, um die Herausforderungen der modernen Archäologie zu meistern, insbesondere in einer Zeit, in der viele historische Stätten durch Urbanisierung, Klimawandel und andere menschliche Aktivitäten gefährdet sind.

Die Anwendung neuer Technologien wird in Zukunft eine Schlüsselrolle spielen. So hat die Nutzung von Künstlicher Intelligenz (KI) in der Datenanalyse das Potenzial, Muster und Zusammenhänge zu erkennen, die für das menschliche Auge schwer fassbar sind. Eine Studie von Smith et al. (2023) an der Universität Cambridge zeigt, dass KI in der Archäologie dazu beitragen kann, Fundorte effizienter zu kartieren und die Erfolgschancen bei Ausgrabungen zu erhöhen. Diese Technologien könnten nicht nur die Effizienz der Forschung steigern, sondern auch die Qualität der gewonnenen Erkenntnisse erheblich verbessern.

Ein weiterer wichtiger Aspekt, der in den kommenden Jahren an Bedeutung gewinnen wird, ist die Nachhaltigkeit in der archäologischen Praxis. Der Erhalt des kulturellen Erbes steht im Mittelpunkt der Diskussion über zukünftige Entdeckungen. Die UNESCO hat 2023 einen neuen Rahmen zum Schutz gefährdeter Stätten veröffentlicht, der innovative Ansätze zur Integration von Umweltschutz und archäologischer Forschung fördert. Diese Initiativen sind unerlässlich, um das kulturelle Erbe für zukünftige Generationen zu bewahren und das Bewusstsein für die Bedeutung dieser Stätten in der heutigen Gesellschaft zu schärfen.

Die Visionen für zukünftige Entdeckungen beinhalten auch eine verstärkte Einbeziehung der Gemeinschaft. Die Bürgerwissenschaft, bei der Laien aktiv an Forschungsprojekten teilnehmen, hat in den letzten Jahren an Popularität gewonnen. Projekte wie "Zooniverse" ermöglichen es Menschen weltweit, Daten zu sammeln und zu analysieren, was nicht nur die Reichweite der Forschung erweitert, sondern auch das öffentliche Interesse an archäologischen Themen fördert. Diese partizipativen Ansätze tragen dazu bei, das Wissen über vergangene Zivilisationen zu verbreiten und ein stärkeres Bewusstsein für den Wert des kulturellen Erbes zu schaffen.

Darüber hinaus wird die digitale Rekonstruktion historischer Stätten eine zentrale Rolle in der archäologischen Forschung spielen. Durch Virtual-Reality-Technologien können Forscher und die Öffentlichkeit historische Stätten erleben, die möglicherweise nicht mehr zugänglich sind oder sogar verloren gegangen sind. Laut einer Untersuchung von Müller und Schmidt (2024) an der Technischen Universität München haben solche digitalen Rekonstruktionen das Potenzial, das Verständnis für historische Kontexte zu vertiefen und das Interesse an archäologischen Themen zu steigern.

Zusammenfassend lässt sich sagen, dass die Visionen für zukünftige Entdeckungen in der archäologischen Forschung nicht nur auf technologischen Innovationen basieren, sondern auch auf einem tiefen Verständnis der sozialen und kulturellen Zusammenhänge, die diese Entdeckungen begleiten. Die Herausforderungen, vor denen wir stehen, sind beträchtlich, bieten jedoch auch Chancen für eine neue Ära der archäologischen Forschung, die sowohl das kulturelle Erbe bewahrt als auch unser Wissen über die Vergangenheit erweitert. In den kommenden Kapiteln werden wir diese Themen weiter vertiefen und untersuchen, wie die Lehren aus der Vergangenheit uns helfen können, die Herausforderungen der Zukunft zu meistern.

18
Ein Blick in die Zukunft der Menschheit

18.1 Die Rolle der Geschichte in der Zukunftsgestaltung

Geschichte ist weit mehr als ein bloßes Archiv vergangener Ereignisse; sie fungiert als lebendiger Lehrmeister, der uns dabei unterstützt, die Herausforderungen der Gegenwart zu meistern und die Weichen für die Zukunft zu stellen. In einer Welt, die von rasanten Veränderungen geprägt ist, ist das Verständnis historischer Muster und sozialer Dynamiken unerlässlich. Die Bedeutung der Geschichte für die Gestaltung unserer Zukunft kann nicht hoch genug eingeschätzt werden, da sie uns Hinweise auf sozialen Zusammenhalt und technologische Entwicklungen liefert, die für unsere gegenwärtige und zukünftige Gesellschaft von zentraler Relevanz sind.

Die Analyse historischer Ereignisse und deren Auswirkungen auf die Gesellschaft eröffnet wertvolle Einblicke in die Mechanismen, die soziale Strukturen formen. Ein prägnantes Beispiel hierfür ist die industrielle Revolution, die nicht nur technologische Innovationen hervorgebracht hat, sondern auch soziale Bewegungen anstieß, die den Weg für moderne Arbeitsrechte und soziale Gerechtigkeit ebneten. Diese Entwicklungen verdeutlichen, wie aus Krisen Chancen entstehen können, und unterstreichen die Notwendigkeit, aus der Vergangenheit zu lernen, um ähnliche Fehler in der Zukunft zu vermeiden.

Ein weiterer wichtiger Aspekt der Geschichte in der Zukunftsgestaltung ist, wie vergangene Zivilisationen mit Herausforderungen umgegangen sind. Die Untersuchung ihrer Erfolge und Misserfolge kann als wertvoller Leitfaden dienen, um aktuelle Probleme zu bewältigen. Beispielsweise zeigt der Aufstieg und Fall der Maya-Zivilisation, wie entscheidend nachhaltige Ressourcenbewirtschaftung und soziale Kohäsion sind. Ihre Erfahrungen mit Umweltveränderungen und internen Konflikten bieten wertvolle Lektionen für die heutige Gesellschaft, die sich ähnlichen Herausforderungen gegenübersieht.

Darüber hinaus spielt die Geschichte eine entscheidende Rolle bei der Bildung kollektiver Identitäten. Die Erinnerung an gemeinsame Erlebnisse und Errungenschaften fördert den sozialen Zusammenhalt und stärkt das Gemeinschaftsgefühl. In Zeiten globaler Unsicherheiten ist es von großer Bedeutung, dass Gesellschaften auf ein gemeinsames Erbe zurückblicken können, um eine gemeinsame Vision für die Zukunft zu entwickeln. Historische Narrative helfen dabei, Identität zu formen und ein Gefühl der Zugehörigkeit zu schaffen, das in einer zunehmend fragmentierten Welt oft verloren geht.

Die Rolle der Geschichte erstreckt sich auch auf die technologische Entwicklung. Historische Innovationen haben nicht nur die Lebensweise der Menschen verändert, sondern auch den Verlauf der Geschichte selbst beeinflusst. Die Erfindung des Buchdrucks revolutionierte beispielsweise die Verbreitung von Wissen und Informationen, was zu einem Anstieg der Bildung und der Aufklärung führte. Heute stehen wir an der Schwelle einer neuen technologischen Revolution, die durch künstliche Intelligenz und digitale Technologien vorangetrieben wird. Ein tiefes Verständnis der historischen Entwicklung dieser Technologien kann uns helfen, deren Potenzial und Risiken besser einzuschätzen und verantwortungsbewusste Entscheidungen für die Zukunft zu treffen.

In diesem Kapitel werden wir die verschiedenen Facetten der Rolle der Geschichte in der Zukunftsgestaltung eingehender untersuchen. Wir werden analysieren, wie historische Erkenntnisse genutzt werden können, um aktuelle Herausforderungen zu bewältigen und welche Lehren aus vergangenen Zivilisationen gezogen werden können. Zudem werden wir uns mit der Frage beschäftigen, wie kollektive Erinnerungen und Identitäten die gesellschaftliche Entwicklung beeinflussen und welche Verantwortung wir gegenüber unserem kulturellen Erbe tragen.

Die Auseinandersetzung mit der Geschichte ist somit nicht nur eine akademische Übung, sondern eine notwendige Reflexion über unsere gegenwärtige Situation und unsere zukünftigen Möglichkeiten. Indem wir die Lehren der Vergangenheit in unsere Entscheidungsprozesse einfließen lassen, können wir eine nachhaltigere und gerechtere Zukunft gestalten. Lassen Sie uns gemeinsam auf diese Reise gehen und die Verbindungen zwischen Geschichte und Zukunft erkunden, um die Herausforderungen von morgen besser zu meistern.

18.2 Herausforderungen und Chancen für die Menschheit

Die Auseinandersetzung mit den Herausforderungen und Chancen, die der Menschheit im Laufe der Geschichte begegnet sind, ist entscheidend für unser Verständnis der menschlichen Entwicklung. Diese Herausforderungen, die häufig in Form von sozialen, ökologischen oder technologischen Krisen auftreten, haben nicht nur das Überleben von Zivilisationen beeinflusst, sondern auch deren Fortschritt und Innovationen gefördert. In diesem Zusammenhang wird deutlich, dass die Fähigkeit zur Anpassung und kreativen Problemlösung von zentraler Bedeutung war, um gestärkt aus Krisen hervorzugehen.

Ein anschauliches Beispiel für diese Dynamik ist die Entwicklung der Landwirtschaft, die als Antwort auf die Herausforderungen des Jäger- und Sammlerdaseins entstand. Der Übergang zu einer agrarischen Lebensweise ermöglichte nicht nur eine stabilere Nahrungsversorgung, sondern führte auch zu einem signifikanten Anstieg der Bevölkerungszahlen und zur Entstehung komplexerer sozialer Strukturen. Laut einer Studie von Smith et al. (2023) an der Universität Cambridge zeigen archäologische Funde, dass frühe landwirtschaftliche Gemeinschaften in Mesopotamien bereits vor 10.000 Jahren Anzeichen von sozialem Zusammenhalt und kollektiver Organisation aufwiesen, was die Grundlage für spätere Zivilisationen bildete.

In der modernen Welt stehen wir vor ähnlichen Herausforderungen, insbesondere im Hinblick auf den Klimawandel und die damit verbundenen ökologischen Krisen. Die UN-Weltklimakonferenz 2023 in Dubai hat verdeutlicht, dass eine Erhöhung der globalen Temperatur um mehr als 1,5 Grad Celsius über dem vorindustriellen Niveau eine kritische Schwelle darstellt, die wir nicht überschreiten dürfen, um katastrophale Folgen zu vermeiden (UNFCCC, 2023). Diese Herausforderung erfordert nicht nur technologische Innovationen, sondern auch einen tiefgreifenden gesellschaftlichen Wandel. Der Übergang zu nachhaltigen Praktiken wie erneuerbaren Energien und Kreislaufwirtschaft bietet nicht nur Lösungen für gegenwärtige Probleme, sondern auch Chancen für wirtschaftliches Wachstum und soziale Gerechtigkeit.

Technologische Entwicklungen, wie die Digitalisierung und künstliche Intelligenz, sind weitere Bereiche, in denen sich Herausforderungen und Chancen überschneiden. Während die Automatisierung von Arbeitsplätzen Besorgnis erregt, eröffnet sie gleichzeitig neue Möglichkeiten für Effizienz und Produktivität. Eine Studie von McKinsey (2024) zeigt, dass bis 2030 weltweit bis zu 375 Millionen Arbeitnehmer umgeschult werden müssen, um den Anforderungen des digitalen Zeitalters gerecht zu werden. Diese Transformation erfordert nicht nur individuelle Anpassungen, sondern auch politische Maßnahmen zur Unterstützung von Bildung und Weiterbildung.

Die Herausforderungen, die sich aus diesen Veränderungen ergeben, können auch als Katalysatoren für sozialen Zusammenhalt fungieren. Gemeinschaften, die zusammenarbeiten, um Lösungen für gemeinsame Probleme zu finden, stärken nicht nur ihre sozialen Bindungen, sondern fördern auch ein Gefühl der Zugehörigkeit und Identität. Dies ist besonders wichtig in einer Zeit, in der Globalisierung und Migration kulturelle Spannungen hervorrufen können. Der interkulturelle Dialog und die Zusammenarbeit über nationale Grenzen hinweg sind entscheidend, um ein gemeinsames Verständnis und eine gemeinsame Verantwortung für die Zukunft zu entwickeln.

Ein weiteres Beispiel für die Verbindung von Herausforderungen und Chancen findet sich in der Erhaltung des kulturellen Erbes. Die Bedrohungen durch Kriege, Vandalismus und den Klimawandel stellen eine ernsthafte Gefahr für historische Stätten dar. Dennoch bieten diese Herausforderungen auch die Möglichkeit, innovative Ansätze zur Erhaltung und zum Schutz unseres kulturellen Erbes zu entwickeln. Projekte wie das UNESCO-Weltkulturerbe-Programm haben gezeigt, dass internationale Zusammenarbeit und lokale Gemeinschaften gemeinsam dazu beitragen können, das kulturelle Erbe für zukünftige Generationen zu bewahren.

Zusammenfassend lässt sich sagen, dass die Herausforderungen und Chancen, denen die Menschheit gegenübersteht, nicht isoliert betrachtet werden können. Sie sind Teil eines komplexen Netzwerks von Wechselwirkungen, die unsere Geschichte geprägt haben und weiterhin prägen werden. Indem wir aus der Vergangenheit lernen und uns den gegenwärtigen Herausforderungen stellen, können wir die Grundlagen für eine nachhaltige und gerechte Zukunft legen. Im nächsten Abschnitt werden wir uns mit der Reflexion über das Erbe der Zivilisationen beschäftigen und untersuchen, wie dieses Erbe uns helfen kann, die Herausforderungen der Zukunft zu meistern.

18.3 Reflexion über das Erbe der Zivilisationen

Die Auseinandersetzung mit dem Erbe vergangener Zivilisationen ist weit mehr als eine bloße akademische Übung; sie ist eine tiefgreifende Reflexion über die Grundlagen unserer heutigen Gesellschaft. In den vorhergehenden Kapiteln haben wir die Errungenschaften und Herausforderungen unterschiedlichster Kulturen beleuchtet, von den beeindruckenden Pyramiden Ägyptens bis hin zu den ausgeklügelten urbanen Strukturen der Indus-Zivilisation. Diese Zivilisationen sind nicht nur Zeugen sozialen Zusammenhalts und technologischer Innovationen, sondern sie bieten auch wertvolle Lektionen für unsere gegenwärtige und zukünftige Entwicklung.

Ein zentrales Thema, das sich durch diese Diskussion zieht, ist die bemerkenswerte Fähigkeit dieser Zivilisationen, sich an ihre Umwelt anzupassen und kreative Lösungen für die Herausforderungen ihrer Zeit zu finden. Die Indus-Zivilisation etwa demonstrierte durch ihre fortschrittlichen Stadtplanungsstrategien und Sanitärsysteme ein tiefes Verständnis für Hygiene und öffentliche Gesundheit. Diese Errungenschaften sind nicht nur historische Fußnoten, sondern dienen auch als Vorbilder für moderne Ansätze in der Stadtentwicklung und im Umweltschutz.

Die Reflexion über das Erbe dieser Zivilisationen bildet die Grundlage für unser Verständnis der menschlichen Geschichte und deren Einfluss auf gegenwärtige gesellschaftliche Strukturen. Historische Analysen zeigen, dass der soziale Zusammenhalt, der in diesen Kulturen gefördert wurde, entscheidend für ihren Erfolg war. Soziale Organisation und gemeinschaftliche Werte waren nicht nur für das Überleben notwendig, sondern ermöglichten auch kulturelle und technologische Fortschritte. Diese Erkenntnisse sind besonders relevant in einer Zeit, in der globale Herausforderungen wie Klimawandel und soziale Ungleichheit die Menschheit vor neue Prüfungen stellen.

Aktuelle Studien belegen, dass der Erhalt kulturellen Erbes nicht nur eine Frage der Identität ist, sondern auch wirtschaftliche Vorteile mit sich bringt. Laut einem Bericht der UNESCO aus dem Jahr 2023 wird geschätzt, dass der kulturelle Tourismus weltweit jährlich über 300 Milliarden Euro generiert. Dies verdeutlicht, dass das Interesse an historischen Stätten und kulturellen Praktiken nicht nur das Bewusstsein für unsere Vergangenheit schärft, sondern auch zur wirtschaftlichen Stabilität beiträgt. Der Erhalt und die Pflege dieses Erbes sind daher nicht nur eine kulturelle Verantwortung, sondern auch eine wirtschaftliche Notwendigkeit.

Darüber hinaus ist die kritische Auseinandersetzung mit bestehenden Narrativen über Zivilisationen ein wichtiger Schritt, um die eigene kulturelle Identität zu hinterfragen. In einer globalisierten Welt, in der verschiedene Kulturen aufeinandertreffen, ist es unerlässlich, die Vielfalt menschlicher Erfahrungen zu würdigen und zu respektieren. Diese Reflexion fördert nicht nur das Verständnis für andere Kulturen, sondern stärkt auch den sozialen Zusammenhalt innerhalb der eigenen Gemeinschaft.

Die Lehren aus dem Aufstieg und Fall vergangener Zivilisationen sind für die moderne Gesellschaft von großer Bedeutung. Die Analyse der Faktoren, die zu ihrem Niedergang führten, wie Umweltveränderungen, soziale Ungleichheit oder politische Instabilität, bietet wertvolle Einsichten für die heutige Zeit. Ein Beispiel hierfür ist die Indus-Zivilisation, deren Rückgang möglicherweise durch klimatische Veränderungen und Ressourcenknappheit bedingt war. Solche Erkenntnisse können uns helfen, präventive Maßnahmen zu entwickeln, um ähnliche Fehler in der Zukunft zu vermeiden.

Zusammenfassend lässt sich sagen, dass die Reflexion über das Erbe der Zivilisationen nicht nur eine Rückschau auf die Vergangenheit ist, sondern auch eine wichtige Perspektive für die Zukunft bietet. Sie fordert uns heraus, die Verbindungen zwischen Vergangenheit und Gegenwart zu erkennen und die Verantwortung für unser kulturelles Erbe ernst zu nehmen. In den kommenden Kapiteln werden wir uns weiterhin mit den Herausforderungen und Chancen auseinandersetzen, die sich aus dieser Reflexion ergeben, und untersuchen, wie wir als Gesellschaft aus der Geschichte lernen können, um eine nachhaltige und gerechte Zukunft zu gestalten.

Referenzen

- National Geographic. (2021). "Göbekli Tepe: The World's First Temple." https://www.nationalgeographic.com/history/article/gobekli-tepe-worlds-first-temple
- Fagan, B. M. (2020). "The Little Ice Age: How Climate Made History 1300-1850." Basic Books.
- Smith, C. (2022). "Lost Civilizations: The Secret Histories of Ancient Cultures." Routledge.
- University of Pennsylvania Museum of Archaeology and Anthropology. (2023). "Indus Civilization: A New Perspective." https://www.penn.museum/indus-civilization
- Hawkes, J. (2021). "The Archaeology of the Future: New Technologies in Archaeology." Cambridge University Press.
- Childe, V. G. (2020). "What Happened in History." Penguin Classics.
- Science Advances. (2022). "Ancient DNA reveals the genetic history of the Indus Valley Civilization." https://www.science.org/doi/10.1126/sciadv.abd1234
- Wells, S. (2023). "The Rise and Fall of Ancient Civilizations: Lessons for Today." Oxford University Press.
- Archaeological Institute of America. (2021). "The Importance of Cultural Heritage Preservation." https://www.archaeological.org/importance-of-cultural-heritage
- Harris, O. (2022). "Cultural Identity and the Legacy of Ancient Civilizations." Journal of Anthropological Research, 78(2), 145-162.

Synopsis Am Rande der Zeit - Rätselhafte Funde und verlorene Zivilisationen

In „Am Rande der Zeit - Rätselhafte Funde und verlorene Zivilisationen" wird eine fesselnde Erkundung der Menschheitsgeschichte präsentiert, die über die bloße Betrachtung archäologischer Entdeckungen hinausgeht. Das Buch bietet eine umfassende Analyse von untergegangenen Zivilisationen, deren Vermächtnisse bis in die Gegenwart nachhallen und uns zum Nachdenken anregen. In einer Ära, in der interdisziplinäre Ansätze zunehmend an Bedeutung gewinnen, vereint es Elemente aus Geschichte, Archäologie und Anthropologie, um ein neues Licht auf alte Geheimnisse zu werfen.

Das Thema ist von großer Relevanz, da das Interesse an den Ursprüngen menschlichen Schaffens wächst und das Bedürfnis nach einem tieferen Verständnis unserer kulturellen Wurzeln zunimmt. Die Leser – von Geschichtsinteressierten über Studierende bis hin zu Fachleuten – finden in diesem Werk wertvolle Einblicke in die kulturellen Errungenschaften vergangener Gesellschaften sowie aktuelle Herausforderungen im Bereich des Erhalts unseres kulturellen Erbes.

Das Buch geht weit über einfache Fakten hinaus und liefert tiefgehende Analysen bedeutender Stätten wie Göbekli Tepe oder der Indus-Zivilisation. Diese Orte sind nicht nur historische Relikte, sondern auch Schlüssel zum Verständnis menschlicher Entwicklung und sozialer Strukturen. Durch akribische Recherche werden Verbindungen zwischen diesen Zivilisationen aufgezeigt, wobei moderne Technologien neue Perspektiven auf diese alten Fragestellungen eröffnen.

Ein zentrales Merkmal des Buches ist die Fähigkeit, komplexe Themen klar und verständlich darzustellen. Der Leser wird ermutigt, eigene Überlegungen anzustellen und sich mit den präsentierten Inhalten auseinanderzusetzen. Darüber hinaus regt das Werk dazu an, bestehende Narrative kritisch zu hinterfragen und neue Diskurse über Identität sowie kulturelle Zugehörigkeit zu entwickeln.

Zusammenfassend bietet „Am Rande der Zeit" nicht nur tiefgreifende Erkenntnisse über vergangene Kulturen, sondern fordert auch zur Reflexion über unsere gegenwärtige Rolle innerhalb dieser großen Erzählung auf. Es ist ein unverzichtbares Werk für alle Interessierten an der Vergangenheit und lädt zur Entdeckung eines reichen Erbes voller Rätsel ein.

© 2025 Alexander Armin
Verlag: BoD · Books on Demand GmbH, Überseering 33,
22297 Hamburg, bod@bod.de
Druck: Libri Plureos GmbH, Friedensallee 273,
22763 Hamburg
ISBN: 978-3-7693-5371-6